臺南好食

張耘書

市長序

坐擁臺南400，展望府城未來！

　　1624年荷蘭人渡洋來臺，在今日的安平古堡處建造「熱蘭遮城」，開啟臺南成為荷蘭東印度公司貿易航線中的重要據點。這不僅象徵大臺南走入世界舞臺，成為世界經濟體系的一環，來自不同族群的先人在這塊土地上互相影響、磨合，隨著時代更迭，累積出深厚的文化底蘊。

　　文化是一座城市的根基，自本人上任以來，便以「讓臺南躍升為文化科技首府」作為市政推動願景，企圖營造更多城市文化亮點，讓臺南活躍於世界舞臺之上。持續推動建構系統性的「臺南學」文化庫，乃是讓臺南文化紮根的重點工作之一。

　　以系統且多元性建構「臺南學」基礎文化庫為目標的《大臺南文化叢書系列》延續自《南瀛文化叢書》，數十年來蒐羅整理臺南在地人文史地、工藝文化、歲時禮俗、宗教信仰、常民生活等文獻資料，邀集各領域專家學者實地走訪，深入田野調查，展開研究計畫，透過梳理文化脈絡，將臺南文化的豐富性與多樣性詳實紀錄。即將於2024年底出版的《大臺南文化叢書》第13輯，延續第12輯以「臺南400」主題發想，以「大臺南地區環境變遷」、「平埔原住民族」、「府城建築」、「交通網絡」、「城隍信仰」、「常民飲食文化」等六個面向，撰文《滄海桑田——大臺南兩大內海的環境變遷》、《穿越400年認識西拉雅族（文化篇）》、《府城住宅400年》、《臺南道路交通誌》、《爾來了——四百年來臺南城隍信仰的發展與變遷》、《臺南好食》等六本專書。試圖為臺南四百年來的珍貴文化資產留下文字紀錄，進而提升全民視野，紮根臺南，放眼世界。

回顧 2024 的大臺南，「臺南 400」紀念活動緊鑼密鼓地展開。率先由 2024 臺南燈會於年初揭開序幕，緊接著臺南國際音樂節、紅球行動、臺南文化創意博覽會、臺南設計展等。以「城市發展」、「慶典活動」、「民間響應」等三大主軸，透過各類型態的展演，邀集全民共同響應，這不僅是回顧先民走過的 400 年足跡，更要進一步展望未來，讓臺南繼續在世界舞臺發光發熱！

臺南市 市長

黃偉哲

局長序

精煉臺南，沉香百年！

　　臺南市政府文化局多年來持續投入「臺南學」系統基礎文化庫的建構，邀集各領域的專家學者，由各文化層面挑選研究議題，進行深度的在地文化調查、多方蒐羅爬梳文獻、展開研究撰寫計畫，以期在日益變遷的本土文化環境中，保存大臺南文化史料，留下珍貴的文化資產。

　　《大臺南文化叢書》延續《南瀛文化叢書》，已出版專書 87 冊。此叢書從不同視角論述、爬梳歷史，擺脫生硬的教條式書寫，實踐公眾歷史論述，重建地方社會與人群集體記憶，強調大眾史學的重要性。結合公眾之力，不斷挖掘，強化臺南文化的深度與廣度，精煉出獨一無二的臺南文化底蘊。

　　2024 年 11 月出版的《大臺南文化叢書》第 13 輯，特別邀請吳建昇、段洪坤、蔡侑樺、曾國棟、謝貴文、張耘書等六位老師執筆，以「滄海桑田」、「西拉雅族」、「府城建築」、「臺南道路交通」、「城隍信仰」、「常民飲食文化」等六個主題，重新梳理臺南四百年來之重要歷史脈絡與文化價值，並對臺南這座城市記憶、文化底蘊進行提取與轉化。

　　由吳建昇老師撰文的《滄海桑田——大臺南兩大內海的環境變遷》，嘗試以時間為縱軸，從歷史文獻或地圖資料，盤點臺南兩大內海在地理環境上的變化；段洪坤老師則透過《穿越 400 年認識西拉雅族（文化篇）》引領我們認識西拉雅族的社會與家庭制度、飲食、漁獵、信仰、服飾與歌舞文化等；臺灣因其特殊之地理條件與歷史發展，累積多樣的住宅文化，蔡侑樺老師以《府城住宅 400 年》為題，以留存

的宅第類「文化資產」為中心，帶領讀者認識 400 年來出現在「府城」及其周遭區域多樣的住宅文化；《臺南道路交通誌》由曾國棟老師執筆，論述臺南 400 年來的交通要道與先民生活概況；臺南是全臺城隍廟數量最多、歷史最久、類型最多元的地區，謝貴文老師的《爾來了——四百年來臺南城隍信仰的發展與變遷》，爬梳四百年來臺南城隍信仰的發展與變遷；民以食為天，臺南幅員遼闊，依山臨海，多樣的地理環境與宜人的氣候孕育了豐饒的物產，張耘書老師特地獻上《臺南好食》，從產地到餐桌，讓你細細品嘗一道道令人驚豔的臺南美食。

　　臺南歷史悠久、文化豐沛，具有不同於其他城市的獨特魅力與價值，在時代的演進，新舊文化的交融之下，創造出新型態的人文智慧城市，呈現全新的城市面貌與獨一無二的歷史價值，讓臺南豐厚的文化底蘊，越陳越香！

臺南市政府文化局 局長

Contents

目次

臺南好食

前言

　　飲食，是人類生活中極為重要的一環，「民以食為天，食以味為先」，飲食不僅是民生大事，賴以生存的必要條件，飲食的滋味，常隱含著對地方的認同，牽動人的記憶與情感，從飲食的背後，更可窺見歷史的縱深，時間的跡痕，土地的脈動，也反映出各個世代的日常與生活樣貌。

　　臺南的飲食名聞遐邇，與著「古都」之名相互映襯。許多人提到臺南的食物，第一印象通常是「甜」，彷彿順著甜味的蹤跡，就能精準定位臺南。臺南飲食的甜，或隱約受到福州移民的烹調與口味影響，也有傳言中的往昔臺南為首善之都、生活富裕而養出來在食物中添加糖，為彰顯貴氣與地位的飲食習慣，不過，更有因為來自產地優勢，遠自荷蘭時期臺南就開始發展糖業，歷經明清兩代經營所造就。「蔗田萬頃碧萋萋」、「緪載都來糖廍裡」、「甘蔗毓於坡者如菘」，描寫的就是早年產業的情況。臺南的這股甜，是自歷史承接、從土地淬鍊而來。

　　同樣的，臺南飲食的豐美，背後最大支撐，也是來自這片土地的物庶民豐。臺南幅員遼闊，依山臨海，多樣的地理環境與宜人的氣候孕育了豐饒的產業，從早年的製糖曬鹽，鍊動著平原與沿海港口的繁榮經濟，臺南同時也是農牧重鎮、魚米之鄉，各區都有獨具特色的物產，如後壁的米、玉井的芒果、關廟的鳳梨、東山的龍眼，皆為大宗或全國著名的產區，而北門、將軍沿海的養殖漁業，以及柳營、下營的酪農與畜牧業，也盡居全國數一數二之地位，這些豐富的農林漁牧產物，是發展地方產業文化的重要基礎，更是所有飲食的起點，供應著最鮮美的食材，讓居於這裡的人們，在靠山吃山、靠海吃海的自然法則下，將四時節令的食材，淋漓盡致的運用，畫龍點睛帶出滋味，成就一道道令人驚豔的臺南美食。

食材，決定了美味關鍵，也帶出風土的厚實內蘊，而小吃則是最能如實呈現各地環境特質與傳統產業發展概況，許多小吃麵食以點心之態盛行於早期的臺南鄉野市井，正好說明過去以農漁業為主或仰賴港口維生的產業型態。農漁民與碼頭工人不僅工作時間冗長，且往往耗費大量的體力，為補充熱量也止飢腸，在三餐間有食用點心的習慣，許多小吃麵食應運而生，也反映出臺南許多飲食業自早以來隨勞動力需求而分布的特性，從中可理解往昔府城與鹽水地區小吃飲食集中與發展的軌跡。

陸游《老學庵筆記》提到：「三世仕宦，方解著衣吃飯。」富過三代才懂吃，飲食的發展與品味學養也需要一定的社會背景與經濟條件相輔相成。府城曾是臺灣首邑，更是與中國東南沿海港口最重要的通商口岸，集政治經濟中心於一地，不乏富商巨賈與世家大族，加上人際網絡與社交活動頻繁，經年累月下精彩演繹飲食並形成一套宴客文化，長久下來也孕育出不少廚師以及餐廳，以精琢的手藝與職人精神，在時光中醞釀飲食的精緻與風華，延續老城流傳百年的珍饈。

這本書所收錄的，都是臺南傲人的風土食材或在地特別的飲食，是拿得出手的寶，端得上桌的好味道，書中沒有太艱深的飲食理論，只有親身參與的田野觀察以及體驗後的真實紀錄。希望透過這本書的引路，帶領讀者走入臺南好食，知臺南好味。

01

傲人的風土材

翻轉出的精彩 鳳梨

　提到臺灣最具代表性的水果，鳳梨肯定榜上有名，從早期的享譽國際的鳳梨罐頭，到近年大受歡迎的鳳梨酥，鳳梨展現在加工品的精彩，私毫不遜於鮮果。

土鳳梨不「土」，在來種也非「在來」

　鳳梨在臺灣被刻意栽培，最初目的就是為了做罐頭。日本統治臺灣時，為了仿效當時鳳梨罐頭最大出口產地夏威夷，從夏威夷引進「開英種」（Smooth Cayenne）鳳梨，也就是俗稱的「土鳳梨」。不過，在日本人引進開英種鳳梨之前，臺灣早就有隨著清代移民而來的鳳梨，在清初的方志文獻多可見記載，如《諸羅縣志》、《臺灣縣志》都提到，「黃梨，或訛稱王梨，實生叢心，味甘而微酸，葉一簇如鳳尾，臺人

臺灣早期鳳梨的採集。（中央研究院數位文化中心典藏）

日治時期，鳳梨大量栽種，罐頭加工技術興起，鳳梨成為罐頭界的明星。（圖為日治時期臺灣合同鳳梨株式會社鳳梨罐頭商標紙，翻攝自臺灣鳳梨工場）

謂鳳梨。」[1] 原產於南美洲，英文名為 Pineapple 的水果，16 世紀中葉被引入亞洲後，在各地稱呼都不同，中國稱「菠蘿」，東南亞地區以及客語稱「黃梨」，閩南語稱為「王梨（ông-lâi）」，臺灣人以其葉片如鳳尾而名「鳳梨」。這種後來被稱為「本島仔」或「在來種」的鳳梨，可說是臺灣鳳梨始祖，因為果實小、果目帶尖刺、果肉纖維粗糙且會咬舌，不是很討喜，加上不耐儲存與加工，所以未被大量種植。

鳳梨，見證了臺灣加工的歷史

　　日治時期，跟著日本軍隊來臺，在軍中販賣日用品和飲食的日本人岡村庄太郎，在臺灣南部吃到鳳梨時驚為天人，他察覺到這股商機，然而受限於當時的冷鏈技術不發達，鳳梨難以久放，為保留住鳳梨的美味好賣回日本，發想出做鳳梨罐頭。

　　岡村庄太郎從 1900 年 3 月開始試作，1901 年在臺南武館街（今臺南市民權路、永福路一帶）製作罐頭，後來為方便取得新鮮原料，轉往鄰近的鳳山街（因鳳山與大樹為鳳梨主要產區），1902 年，在鳳山街新庄子（今高雄市鳳山區）創立了「岡村鳳梨罐詰工場」，是臺灣第一家鳳梨罐頭工廠（臺灣鳳梨罐詰株式會社前身）。1910 年代，為了發展鳳梨加工產業，引進了果實大、酸度高、滋味濃郁，適合加

戰後臺灣鳳梨罐頭輸出曾居世界之冠。（1966.11.07 臺灣民聲日報）

臺灣鳳梨罐頭產業曾躍居世界重要之位。

工的開英種鳳梨，後來居上的成為罐頭新寵，開始大規模栽種與生產，1920 至 1930 年代，臺灣的鳳梨加工業蓬勃發展，工廠大幅增加，鳳梨罐頭成了日治時期臺灣重要物產，為臺灣帶來龐大的商機。1931 年起，先後有由各工廠共同組成「臺灣鳳梨罐詰共同販賣株式會社」，1935 年，臺灣總督府將鳳梨罐頭工廠收為國營，管制鳳梨的生產、銷售與價格，之後將整併的鳳梨罐頭產業成立「臺灣合同鳳梨株式會社」（戰後的「臺灣鳳梨股份有限公司」，今台鳳股份有限公司前身）。

　　戰後，鳳梨產業在國家的扶植下，產量節節高升，國民政府為提振產業經濟、賺取外匯，積極促進鳳梨罐頭的生產，加工與製罐技術

臺南淺山地區的鳳梨田，一路從向陽的丘陵，迤邐到平地。

在原有基礎上不斷精進，出口市場也從原本的日本轉銷到歐美，到了1970年代，臺灣鳳梨罐頭外銷產量已達世界第一，寫下輝煌的紀錄，鳳梨罐頭產業還撐起農村上萬家庭經濟，不少人因此致富。

儘管後來隨著國內工資上漲，生產成本提高，難與東南亞崛起的鳳梨罐頭競爭，而逐漸失去外銷優勢，卻在改良培育新種後，轉而行銷國內，開啟鮮食為主的市場，也締造佳績。

近年，在業者研發下，百家爭鳴的鳳梨酥，再度點石成金的譜出另一段鳳梨加工的黃金傳奇。

關廟，臺灣鳳梨的驕傲

關廟是國內鳳梨的著名產區，淺丘地形又有特殊的紅土，排水性佳，可以種出香甜且纖維細緻的鳳梨，早在昭和年間，關廟的鳳梨加工就蓬勃發展，1980年代，在政府「一鄉一特產」的推動下，更打響關廟鳳梨的知名度，經過品種的改良及產期調節，讓原本不是土生土長的鳳梨，在這裡安身立命，一年四季都能生產，種植地也從早年陸軍山一帶的丘陵地迤邐到平地的沙質壤土區，品種從臺農1號、2號、3號、4號釋迦鳳梨、6號蘋果鳳梨、11號香水鳳梨、13號甘蔗鳳梨、16號甜蜜蜜鳳梨、17號金鑽鳳梨、18號金桂花鳳梨、19號蜜寶鳳梨等，

鳳梨的酸甜香氣搭配海鮮格外清爽，鳳梨酵素更有助分解蛋白質，讓海鮮去腥。

到比較特殊的青龍鳳梨、牛奶鳳梨、珍珠鳳梨、糖霜鳳梨等都有，[2] 是臺南鳳梨品種最多且最完整的產地，尤其金鑽鳳梨肉質細緻、酸度低，最受歡迎，無論鮮食或加工、做烘焙都十分適宜，盛產期一到，在燦閃的日頭下愈曬愈甜，農民的辛勞，換來關廟的驕傲。

百變鳳梨，翻轉滋味

因為老天爺的眷顧，鳳梨牢牢的定著在當地人的飲食。

去掉生毛帶角的外皮後，鳳梨的吃法有許多種，除了鮮食、製成鳳梨醬外，文獻很早就有「黃梨煮肺」，黃叔璥在《臺海使槎錄》提到「土人用波羅蜜子煨肉，黃梨煮肺，亦海外奇製。」[3] 是以醃鳳梨炒豬肺，《臺灣通史》則說鳳梨炒肉是珍饌，[4] 現在能變化出的料理更多樣，與海鮮或肉類皆適宜，如鳳梨蝦球、鳳梨牛肉或鳳梨栗子雞，或來道酸甜爽脆的鳳梨炒木耳，是盛夏的開胃料理。

戰後，1950、60 年代鳳梨罐頭時興的當下，不但是年節送禮、探病的珍貴禮物，還是民間流傳的治感冒偏方，頭疼發熱時來上一罐，據說頗為奏效，清熱兼補充營養之外，應該也是送進嘴裡的香甜撫慰了心裡吧！而以開罐鳳梨切片熬煮甜湯，或紅毛丹包鳳梨，帶著熱帶南洋風味的「龍鳳果」罐頭，是早年辦桌佳餚與餐後甜點；鳳梨果肉拿去作罐頭，剩下粗硬的鳳梨心，鄉下地方以醃漬或風乾等不同處理方式，製成蜜餞或零嘴，不同人家對於鳳梨總是有一套自家的吃法。

蔭鳳梨，也有人說是鹹鳳梨，是關廟在地流傳已久的作法。實在是早年常見的土鳳梨味道太過酸澀，要吃之前還得抹上少量鹽巴才不至於咬舌，因為鮮果的口感不佳，老一輩關廟人便將鳳梨切塊，加上豆豉、粗鹽、糖、甘草，放入大甕中醃漬數月，不但延長鳳梨的保存期，原本青澀的鳳梨酸也轉化成圓潤甘甜。類似過去從鮮果到罐頭，讓鳳梨發生翻天覆地的變化一般，蔭鳳梨，翻轉出餐桌上另一番滋味。

從簡單的當作醬菜配粥飯，到煮虱目魚頭或佐菜拌炒，當地幾乎家家戶戶都曾以蔭鳳梨醬來佐餐或料理，尤其以土雞、苦瓜、鹹鳳梨熬煮的鳳梨苦瓜雞，醃過的鳳梨緩解了苦味，釋放出的甘醇鹹香，別具風味，是關廟附近土雞城可嘗到的特色小吃。

鳳梨，走過高低起落，應著時代，品種不斷改良也創新百味，刻意被加工的滋味絕不遜於鮮果，無論是風靡百年的鳳梨罐頭，鹹酸回甘的蔭鳳梨，或其他的鳳梨加工食品，都調進了濃厚的風土，在每一個轉彎處，找到屬於自己的定位。

紅毛丹搭配香甜鳳梨，組成南洋風味的龍鳳果罐頭，常見於早年辦桌。

夏日裡的寶石 芒果

　　臺灣的夏天，絕對少不了與芒果緊密相依，那是得天獨厚的味覺相遇。

　　每年 4 月春夏，芒果盛產之際，從土芒果揭開序幕，緊接著是通紅飽滿的愛文（Irwin），跟著產期相近的金煌、玉文、海頓（Haden）等陸續接棒，一路甜蜜蜜到由俗稱「九月樣」的凱特（Keitt）完美謝幕，再期待來年的重出江湖！

　　晚近幾年，各式新品種芒果浮出檯面，聲勢壯大的展開芒果家族的新局面，按著時序紅肥綠碩，讓整季涵夏都能沉浸在豐饒的滋味裡，水果之中，品系繁多到甚至還得對照圖鑑，大概只有芒果了！

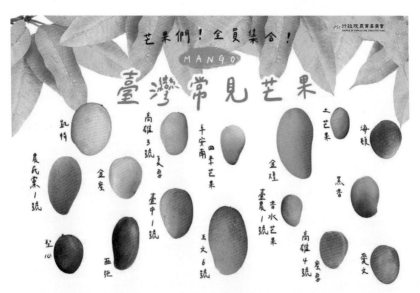

臺灣常見芒果品種圖鑑（引自農業部粉絲頁 2021/07/08）https://www.facebook.com/1661286914196139/posts/2967786976879453/

臺南鄉間隨處可見檨子樹，新化區南 175 線旁檨子樹枝葉茂密，形成綠色隧道。

17 世紀「舶來品」，酸甜土芒果

　　土芒果在 17 世紀時由荷蘭人引進臺灣，舊志文獻上多稱「番蒜」、「檨子」或「番檨」，當時荷蘭人所在地臺南，自然成為臺灣芒果的原鄉，今日六甲、官田、新化還留下幾株百年老柴檨。芒果在臺灣亞熱帶氣候與環境下，因為馴化得好，不僅他鄉變故鄉，幾百年下來更與這片土地水乳交融，鄉間院落、小路旁的空地幾乎隨處可見，此從各地許多檨仔林、檨仔坑、檨仔坪等地名，[5] 可知臺灣芒果樹的廣為栽種。結實纍纍的芒果樹成為聚落地景，嘴裡的酸甜美味，還勾起許多人童年打芒果的回憶。

　　相較於今日果肉豐腴且香甜細緻的新品芒果，土芒果雖然肉少且纖維粗，然而獨樹一幟的酸香，仍是迷人，尤其個頭不大，一顆握在手裡大小恰好，挖個小洞先吸吮汁液後，邊剝皮邊嘗果肉，最後的果核還要整顆送進嘴裡啃到清潔溜溜，再來個吮指回味，那種自在隨興的吃法，是其他品種芒果無法比擬。

　　土芒果妙不可喻的味道，就連清初來到臺灣的浙江文人郁永河，在首次吃到後都說：「酸香滋味似甜瓜」、「番樣何勞向客誇？」[6]

《番社采風圖》當時就記載臺灣物產,包括西瓜、番蒜(芒果)、茄子、荔枝、楊桃。
(臺灣歷史博物館提供)

古早吃法,鹽漬蓬萊醬,配飯還去羶解油膩

　　土芒果濃郁的香氣,成熟後被形容「甘如蔗漿」、「味甘如蜜」
而受到大眾的喜愛,清代時,人們將土芒果加糖拌蒸熬煮,就已變化
出樣仔乾、樣子膏等吃法,另外,還懂得將未成熟、味酸如梅的青樣
用鹽脫澀入菜,如王必昌在《重修臺灣縣志》就寫道:「樣,俗稱番
蒜,或作樣。其樹高大凌雲,葉尖長,濃陰可蔭。新抽杪紅若丹楓,
老則變綠。花淡黃色。結實纍纍,大如豬腰子。入春吐花,盛夏大熟。

肉與核粘，切片以啖，甘如蔗漿。臺人或切片晒乾，用糖拌蒸，名檨仔乾；或用鮮檨細切，用糖熬煮名檨子膏；或用鹽漬醃久代蔬，名蓬萊醬。」[7] 削皮去子的青芒果，浸在煮滾的鹽水中醃製成的「蓬萊醬」，是最好的鹽漬品，可以拿來當菜配飯，[8] 如日治時期鹽分地帶的文人醫生吳新榮，在他的日記裡就提到「以醃過的芒果配飯，覺得是天下絕品，一下子就吃了四、五碗。」[9] 後來的人更用來煮生魚，如台江地區聽說早年有以芒果煮飛魚，因為魚腥味重，酸鮮的芒果正好可去除魚腥味，不僅如此，煮的湯還能醒酒。[10]

蓬萊醬成為清代以來一兩百年臺灣常民食物，還是被極力誇讚的美味，謝金鑾的〈檨二首〉中提到：「兒家一碗蓬萊醬，待與神仙下箸餐。」[11] 就形容這是能與神仙一同享用的美食；福建巡撫王凱泰也作詩：「島人艷說蓬萊醬，誰是蓬萊籍裏仙。」[12] 讚譽只有住在蓬萊仙島上的島民，才有機會吃到蓬萊醬如此珍饈美味。

後來臺南的沿海地區也有類似吃法，以西瓜綿、醃洋瓜取代蓬萊醬煮魚湯，只不過味道相較於青芒果的濃烈酸香，可能略減了幾分！

美味？暗黑？檨子青沾
蒜頭醬油

未熟的土芒果（檨仔青）還有種吃法，就是沾蒜頭醬油（或以醬油加糖熬成膏狀，加上蒜頭後成為沾醬），早年在臺南頗為常見，也用來配飯吃，這與臺南的番茄切盤沾薑糖醬油（甘草粉、糖與磨成

土芒果如今已成為道地的臺灣水果，也變化出不同滋味。

泥的老薑末，和醬油膏一起攪拌），如出一轍。融合了酸甜鹹與辛辣感醬汁，是南部才有的獨特吃法，且已行之有年，早在清初《臺海使槎錄》就見記載：「臺人多以鮮檨代蔬，用豆油或鹽同食。」[13] 猜想最初應該都是為了掩蓋水果的「生」味，才有的特別吃法。而在許多外地人眼裡看來像「暗黑料理」的醬汁，卻是美味的關鍵，蒜頭醬油搭芒果或薑糖醬油配番茄，在老臺南人心中可說是再合拍不過了！

芒果能鮮食、能烹煮、能醃漬還能製成蜜餞，難怪有「果之美者，檨為最」之美譽。[14] 來臺的官員因對芒果評價極高，所以福建巡撫呂猶龍曾將曬乾的芒果條進呈給康熙皇帝，雖然不被皇帝喜歡而遭退貨，[15] 但在臺灣芒果仍被視作珍寶，許多處理手法更保留到後來，如以鹽、糖醃漬成酸甜的情人果就是。

明清日治吟風詠物，戰後愛文改寫芒果產業史

土芒果無論是身世或種植都是臺灣芒果的根源，變化出來的殊滋異味為歷來遊宦文人所吟詠，明清到日治時期為此詩文作記多不勝數，而這等口福也絕非前人專享，日治之後引進不少南洋品種，到戰後再有另一批俗稱「洋芒果」來臺，由臺灣農民發揚光大，展開日後的豔麗多姿。

土芒果風味十足，以鹽、糖醃漬成酸甜的芒果青，就是現在的情人果。

1950 年代，從美國佛羅里達州迢迢千里而來的愛文芒果，在玉井果農鄭罕池（1929-2018）反覆嘗試、鍥而不捨的努力下，終於在 1965 年成功種植，1969 年鄭罕池接著研發套果與防蟲技術，提升產量與品質，他不申請專利，

紅潤飽滿的芒果在樹上結實纍纍,令人垂涎欲滴。(林頌富提供)

還無私分享種植經驗,讓結實纍纍的愛文迅速傳到附近楠西、南化等鄉鎮,也改寫了芒果在臺南山區的歷史。據說當時取得愛文芒果種苗的農家就像中獎似的還會在家裡貼出紅榜,這妍媚的紅寶石不但點綴了山區景觀,更改變了當地農民貧窮的命運,養活許多家庭,甚至讓農民從改善經濟到能蓋樓仔厝!鄭罕池的故鄉斗六仔成為臺灣第一個芒果專業區,加速玉井農村建設並且成為示範點,種植面積逐年增加。

愛文,讓玉井像它美麗的身影般火紅,形塑地方產業而有了「芒果故鄉」之稱,鄭罕池造福鄉里的典範,為他贏得「臺灣愛文芒果之父」美名,不斷進化的芒果不僅內銷,外銷數量也締造佳績,成了臺灣旗艦農產品,也在國際舞臺上大放異彩。

紅豔的外表下包覆著細緻果肉，以及奔放濃郁的香氣，入口帶點微彈有勁的咬感，愛文上市後很快成為芒果市場的主流，尤其臺南生長時間長，口感更為緊實，「只要種得好，自然就好吃！」事實上，不只種植技術，果樹距離與疏葉疏果都費工講究，讓每顆果實都能得到完整日照、養分與生長空間，就像對待孩子般悉心照顧，就連採收也得等完全熟後，「在欉紅」的愛文才會漂亮又好吃。而採摘後再趕緊拆袋、分級、包裝與運送，盤商或懂吃的內行人挑的是當日鮮貨，隔個幾日價格有可能攔腰砍，在嘴裡的每一口鮮甜多汁，過程可都是農民一刻都不耽誤搶來的。

甜蜜蜜，一年四季芒果香

為了分散生產中遭遇天災風險，也調節產期，有些果農還會分種中生、晚生等不同品種芒果，儘管南部縣市各有其主力栽種的品種，但以臺南的種類最多元，除了最知名的愛文、金煌之外，還有玉文、

香滑芒果搭配刨冰，是炎夏裡的誘人沁涼！

烏香、臺農 1 號等，時至今日依舊是芒果大本營，才讓消費者在整個夏季都能大啖芒果。

一到夏日，來盤橙黃鮮甜的芒果冰，幾乎已成為全民消暑運動。不知何時開始，芒果冰忽然的竄起，紅遍全臺甚至揚名海外，成了臺灣之光。有別於以往的單一種芒果，現在更時興將愛文、金煌等不同品種的芒果切丁後當作刨冰配料，或將芒果鮮榨果汁製成冰磚，刨出綿密的芒果雪花冰，鋪上滿滿現切芒果，再淋上芒果

芒果盛產的季節，來趟玉井就對了！

醬或煉乳，加上一球芒果冰淇淋，最後以情人果（芒果青）點綴，層層交疊的口感與甜度，是最令人陶醉的冰品，產地玉井的多家冰店，如熱情小子芒果冰館、有間冰舖等還因此成為夏日最夯的旅遊點。

而不辜負「芒果故鄉」之名，玉井的芒果加工品也多不勝數，以大片果肉糖漬，低溫烘焙的芒果乾，金黃乾燥的外表下鎖住芒果的汁潤軟嫩，當地產銷班獨創果乾製作技術，抓緊神韻的保留了芒果的鮮美，香甜厚實不韌不柴，又是另一番，叫好叫座的成為最佳伴手禮。

此外，臺南不少店家也研發出芒果蛋糕土司、芒果塔、芒果大福、芒果凍、芒果奶酪、芒果啤酒與各式飲品，如改良自港式甜點的「楊枝甘露」，融洽的將 8、9 月時令間短暫交會的芒果與柚子 [16] 彼此襯托的益發美味，宛若甘露滋潤口腹與身心，甚至將芒果入菜做創意料理，讓芒果的氣味發揮到極致。

芒果，在食材上雖非主角也不為飽食，卻像戀人交心般的挑動著味蕾，也只有在臺南，才能為有著這樣的戀人，能嘗一口戀愛般的滋味而感到驕傲。

外來嬌客芒果，著實在這塊土地找到了認同！

低溫烘焙的芒果乾，山裡的紅寶石華麗變身，別有一番滋味。

絕無僅有的先民智慧 破布子

芒果盛產時，也是破布子採收和醃漬的時節。

破布子俗稱樹子，在左鎮、玉井、楠西、大內、六甲一帶常可見它的蹤跡，是很早出現在臺灣的植物，也是古早鄉間山野重要的菜蔬。早在乾隆時期《重修福建臺灣府志》就記載：「破布子樹（葉似梧桐而小。結實如苦苓子，和鹽煨熟有膠，可以為蔬，能消食積）」[17]另外，在《重修鳳山縣志》也記載：「仙枝子（一名破斧子，可醃為菹）」[18]。「仙枝子」是破布子（破斧子，「斧」閩南語音 póo）的另一別稱，當時就以破布子製作醃菜。

然而，破布子的身世可不只如此，從考古學家在南科蔦松文化遺址中發現遺留的破布子種子，拼湊出臺灣史前先民的食譜，早在數百年前破布子便已經是西拉雅族常日的食物，堪稱「祖」字輩的食材。

枝頭上結實纍纍，橙黃小巧的破布子，自早以來就已經是鄉野山林的美味。

會想吃它？第一個吃破布子的人真是天才！

　　破布子耐旱且對土壤適應力強的特性，生長速度快，在鄉間與山邊的路旁常見，是早年普遍的食材。不過，這可能是後來不經意被試出來的，因為野生的破布子樹其貌不揚，葉面受蟲癭常滿布疙瘩，或受蟲害侵蝕而形如破布不說，它的果實味道怪異也無香氣，甚至成熟後仍酸澀難以入喉，即使到了盛產期，結實纍纍在枝頭的破布子就連鳥兒都不感興趣，應該是先民在食物極為有限的情況下，採摘了破布子果實，因為懂得以鹽漬去澀，才製作食用，以備不時的遷徙之需，研究植物的學者郭城孟如此推估。「這是古人的智慧！」臺灣成了全世界最早將破布子入菜的地方。

破布子盛產季，左鎮地區常可見婆婆媽媽們在社區清洗、製作破布子的景象。（陳柳足提供）

食用破布子的飲食習慣，就這樣被承襲，原本不起眼的破布子，在醃漬成食物後，因美味而銷到中國。[19] 清代時還有個李姓貢生，在渡海時遇上海賊，隨身行囊財物被洗劫一空，他乞求海賊留下「仙枝子醬」（破布子醬），因為他的寡母喜歡吃，海賊深受感動，後來便放了他。[20] 方志記載的情節頗為接近二十四孝裡「蔡順拾葚」的故事，貢生的孝行感動賊匪，留下孝義佳話，為破布子添了點耐人尋味，也突顯當時破布子的珍貴。

從採摘到加工，偷懶不得

盛夏，當滿樹果實從綠色轉為橙黃色，便是破布子採收的時機。

破布子的果實生長密集，農戶通常將一叢叢的枝枒鋸下，再徒手採摘上面一顆顆果實。「剉（tshò）下來樹枝如果拿去插枝，很快便會再長。」原本枝繁葉茂的破布子樹被理得十分乾淨，近似光禿，然而這樣清爽貌維持不會太久，旺盛的生命力，通常隔年便會再長。跟著從蒂頭摘下，破布子的果實個頭不大，頗為耗時費工，多靠婆婆媽媽們巧手捏剝，隨後還得立刻泡水清洗，熬煮殺青，通常得當天處理才能保留天然的味道，「放到隔天容易變黑！」一道接一道的工序，絲毫偷懶不得。而繁冗的加工過程，既是農活，也是鄰里間齊聚一堂閒話家常，熱絡情誼的好時光！

鹽煮醬漬迸發的甘甜味

破布子無法生食，得靠熬煮與醃漬才能去除生澀，轉為柔和，而轉化出來的這股甘，正是臺灣早期農家重要的甘味來源。

現在破布子常見的作法是以鹽、糖、蔭油、豆瓣醬或冰糖等調製而成的醬汁裝罐醃漬，顆粒分明的破布子，透著琥珀色澤的醬汁，簡單的做為蒸魚或熬湯的佐料，或搭配龍鬚菜、水蓮等蔬菜熱炒，鮮甘

挑果實、滾煮、調味拌勻，若是團餅狀的破布子，還要塑形，做破布子工序非常繁
瑣。（吳俊鋒提供）

破布子的厚實香氣,以及鹹味之下透出的甘味尾韻,都讓食物的味道層次更豐富,也令人食慾大開。

破布子常被用於魚料理,尤其用來蒸魚,魚的鮮美。

生津,甚至左鎮當地的人還會把它當蜜餞吃,就是最樸實的風味。

另一種更為傳統的製作方式,是將破布子集結壓製成團餅狀,《重修臺灣縣志》裡有詳細記載:「仙枝子(或名破斧子。樹高一、二丈。暮春開花,微香,色淡黃,如桂蕊而稍大。結實纍纍,始青,至夏熟則變黃。採時用清水清濯,去蒂,置銕鍋中,加水火如作米飯然。至爛熟,用木棍攪不住手,徐徐下鹽,攪至鹽足,則漿乳歛成一大塊,火候便到。收入磁甕,即用其汁滿漬,愈久愈佳。能開脾補腎。或整塊置醬砵內更妙)。」[21] 破布子滾煮後,拌入鹽水,再以醬油、冰糖、薑

民間以古法加工醃漬破布子,具有開脾健胃功效,是下飯最佳佐菜。

破布子經熬煮去除澀味，也散發香氣。

製作破布子的調味依各家而不同,早年農戶以小碗做模型,製作出來的破布子餅
為圓形。

等攪拌熬煮,藉由鹽分使果實的黏液釋出,凝結成糊,趕在降溫前,再
將破布子糊倒入容器塑形,整個製程不但得搶快,還得不停翻動,尤
其塑形時,左鎮的婆婆媽媽還會耳提面命的提醒「不可以沾到芒果!」
據說只要一碰到芒果,破布子的黏液就無法凝結,甚至傳言用芒果枝
幹當柴燒煮破布子,也會使破布子不能成團,破布子遇鹽會凝結成塊,
有人加了鹽還是「散糊糊」,破布子無法塑形成團,便以為是外力干
擾所致,而有許多忌諱,甚至還禁止在旁頻頻詢問「好了沒」,情況
就如同舊時挨在大灶旁炊粿一樣,聽起來有些無稽,但老一輩人就是
這樣奉行祖傳古法與禁忌的在做破布子。

　　製作的破布子團(餅),適合用來佐食粥、飯,或做破布子煎蛋、
豆腐等料理。連橫在《雅言》提到:「鄉人采其子入鍋,下鹽煮之,
粘合如膠;可佐飯。又與豆腐合烹,濃淡得中,味尤甘美。」[22]日治時期,

臺南人就以破布子佐膳配飯，直到現在，這仍是多數長輩習慣性吃法，也是他們特殊的飲食記憶。

大自然的智慧

自古流傳下來的，還有生活裡的飲食智慧。老一輩都說，破布子有解毒功效，特別能「解芒果中毒」。所謂「芒果毒」，是指特殊體質者吃多了芒果可能誘發的腸胃不適或過敏發癢等症狀，便可以食用破布子來消解。連橫在《雅言》中提到：「臺南人雖多食黃樣而無發病者，則破布子之功也。」[23]

破布子的抗逆性極強，愈是貧瘠的土地愈生長得好，左鎮一帶的白堊地形鹽分高，不利於其他作物生長，卻孕育出結實濃郁、果漿黏稠、口感極佳的破布子，成為破布子的重要產地，而高鹽分的土壤也是造就芒果香甜的關鍵，因此芒果與破布子自早結下不解之緣，於左鎮、玉井的淺山之地比鄰而生外，同為盛夏時節盛產的消暑聖品，還相依而長，「芒果收成若好，破布子也長得好；芒果如果遇上歹年冬，破布子的產量也就少了！」大自然神奇巧妙安排的時間序，符應了萬物生剋榮存的道理，成為代代相傳的飲食智慧。

有生活感的食材

破布子跟著先民的足跡，爬過貧瘠的土地，幾百年後，依舊在這裡。不同的是，從最早的就地野生，如今已有大面積栽種，從早年貧困生活的下飯菜，轉變為現代人反璞歸真下刻意追尋的古早味。對年輕人而言，食用破布子時還要吐籽或許略嫌麻煩，但對淺山地區的老一輩人來說，有全村老少出動，參與採收、加工醃漬過程的回憶，哪怕破布子的果核堅硬，細細啃嘗稀少的果肉，這股生活感與滋味卻是只有他們才懂的樂趣！

主角配角，濃妝艷抹兩相宜 竹筍

　　夏日裡，臺南輪番上陣的精彩，還有竹筍。

　　竹子是臺灣最普遍的植物，與臺灣人早期的生活十分緊密連結，日常的屋舍器物幾乎都與竹有關，是銘刻在生活中的重要元素，竹筍更是臺灣常見的食材。

古今山珍，優雅食筍

　　遠自《詩經》時代，竹筍就是盤飧，古人不但食筍，因為中國竹文化的雅韻，歷來文人多有精闢的描述與讚譽之作，除了記述筍子的鮮美外，也吟詠食竹的風雅，可說是一道「雅食」。而在臺灣，從清代到日治時期，文人雅士以至官員政客也不乏與竹筍相關的詩作，如清代大目降（新化）詩人王則修的〈新筍〉：「驟聽新雷裂地新，出頭便可濟斯民。卻宜蔬食羹同用，實比寒瓜味更珍。」[24] 清末日治時期鹿港詩人陳子敏作〈食筍〉：「茁土籠煙露未乾，分枝抱籜已登盤。聞香我亦垂涎久，下箸毋勞勸客餐。」[25] 以及日治時期「櫟社」詩人，也是政治運動者林獻堂也曾題〈食筍〉詩，上述詩作提到「實比寒瓜味更珍」、「下箸毋勞勸客餐」、「新鮮滋味本非凡」可見竹筍歷來的魅力。[26]

　　竹筍是臺南重要的物產，主要產於關廟、龍崎一帶的丘陵地，因竹林遍布，竹材取得容易，還曾發展為竹藤業加工重鎮，當地以麻竹筍與綠竹筍為大宗，約在昭和年間，已成為地方主要農產品。

起早搶快，挑筍看筍尾

　　為採收到最鮮嫩的竹筍，當地農民自早就養出一套經驗法則，老

竹子是臺灣最常見的植物，竹材豐富且取得容易，自早與常民生活的連結很深。

一輩人總說「牛角仔較幼 (iù)。」筍身矮短彎翹如牛角，筍底色白才最鮮嫩。挖竹筍得趁天還沒亮時或一大清早，此時氣溫尚未升起，挖出來的筍子在天然低溫下才不至於劣化。要在一片林子裡找到竹筍，還得探露水、看裂縫，而看似簡單的挖掘與翻土，所有的技巧與動作，都是農民幾十年累積的經驗。潛藏於土的麻竹筍與綠竹筍，一旦破土曬到太陽，「出青，就老了，就有『苦頭』吃了！」筍尖若轉成綠色，口感變粗且味道極苦，任誰也不會想吃，所以仰賴人工採收的筍子，農民手腳俐落、迅速確實是第一要務，辛苦自然不在話下，而為避免筍子纖維老化而難以下嚥，採收後的竹筍，還得搶時間處理。難怪擺攤的農民說，早早收攤真的不為偷懶，只是不想壞了做生意的信譽！

產季一到，整個關廟地區就動起來，搶時間處理筍子。（吳俊鋒提供）

主菜配角，濃妝艷抹兩相宜

　　盛產期的鮮筍，只要清煮後簡單沾醬，就很鮮美，清代文學家李漁曾以「蔬菜中第一品」來讚美筍子的鮮。若覺單調，則與肉類一起烹調，「素宜白水，葷用肥肉」，筍子最適宜與豬肉同煮，以肥瘦相間甚至肥肉是最好的選擇，讓油脂滲入清爽的筍子，帶出筍子的鮮美，也平衡豬肉的肥膩感，一般常見的筍絲控肉或封肉，大抵就是如此，「早期吃的沒那麼好，有肉吃覺得很腥臊（tshenn-tshau，豐盛），現在的人，反而是要吃筍子，不是吃肉了！」筍子以完勝之姿從配角一躍成主角，難怪在文人筆下的描述是「得肉之酯香，食筍而遺肉」、「頓

頓食筍莫食肉」，寧可食筍而捨棄吃肉。

筍子料理五花八門，南宋詩人楊萬里的〈煮筍〉詩，就提到筍子「可齏可膾最可羹」，今日筍子也常作為羹湯的食材，尤其筍絲加在羹湯中，看似不起眼，卻絕對有畫龍點睛之效，能令肉羹更為澄澈鮮甜，清香不膩，許多經典臺菜中，筍也是不可或缺的角色，借它的幽微淡香襯出食材的珍味。筍子之所以這麼受到喜愛，甚至被形容為「居肉食之上」，其實就在於它清甜的風韻，難怪許多婆婆媽媽，就連滾煮筍子的水都捨不得丟掉，當成是寶的拿來作為烹調湯底。

竹筍能令肉類或羹湯更為澄澈鮮甜，清香不膩。

筍子與米絕妙搭配，筍飯筍粥「家傳米食」

竹筍也極適合與米飯配搭，白居易在〈食筍〉詩就寫道：「置之炊甑中，與飯同時熟。紫籜坼故錦，素肌擘新玉。每日遂加餐，經時不思肉。」古人將筍與米同炊，意料之外的竟促進食慾，令飯量增加到連肉都不想吃了。而這樣的料理方式，古今皆同，以筍子熬煮粥飯，是早年農

綠竹筍質地細嫩、口感佳、風味鮮美，素有「綠鑽石」美名，是最受歡迎的鮮筍品種。

家常見的吃法，尤其產地關廟、龍崎一帶盛行的筍子鹹飯，幾乎是家家戶戶的「家傳飯」，大灶大鍋的將肉絲、香菇、筍絲、油蔥酥、醬油、糖入鍋爆香，將米炒香入味，再加入大骨高湯拌勻後，以文火燜煮到熟，筍子的水分與甜味滲入米粒，沁人鼻息。手法與食材雖不花俏，滋味卻老派雋永，在地方農會的推廣下，婆婆媽媽們更將這道古早味的筍子鹹飯發揚成當地特色美食。

筍顏易老，醃漬醬筍正好

　　因為竹筍的採收與賞味期極短，為延長保存也為善用食材，當地的農戶將尖端變綠發苦、捨不得丟的筍切片或切絲後，泡水發酵成酸筍（過程中以水來控制調整酸度），再變化出不同料理，以大骨加鹹菜葉熬湯或煮酸筍雞湯，過去年節喜慶拜拜後留下的豬腸也常用酸筍

醬筍經簡單調味，就是早期農家配飯配粥的日常菜餚。

酸筍也是關廟、龍崎居民家裡常備的食材。

生活中的吃，既能溫飽，也能吃出地方的關係與過去的聯繫，小小一罐醬筍就是。

看到醬筍起「白花」別急著丟，先分辨好壞，有時是生菌。

拌炒。在麻竹筍盛產時，也將來不及吃完或賣完的筍，切塊以鹽、糖、豆豉、甘草以古法發酵醃漬成醬筍，發酵後的醬筍甘醇酸鹹，取一小塊搗碎，加蔥、薑末、糖與酒拌勻，就是早餐稀飯的配菜，也或者煮魚、煎蛋，是那一地區的常民之味，也讓人見識到時間的奧妙，從食材的天敵，在鹽糖酒麴的調製醃漬下，如施展魔法般的轉化重生出迷人的韻味。

「這裡幾乎每戶人家都會醃漬醬筍、酸筍，也做豆瓣筍。」出身龍崎，家族幾代在南關線地區 [27] 從事辦桌的廚師盧正治，十分擅長各種醃漬筍子與料理，麻竹筍切塊殺青後，以豆瓣、蔭油、醬油、甘草慢火焢煮，再裝瓶冷藏，豆瓣筍也常在當地餐桌出現。

「那都是兒時的記憶！」酸筍、醬筍、豆瓣筍吃出與過去的聯繫，成為集體記憶的一部分，順應自然環境與時令的食材處理手法，不斷被重複，是另一種對地方風土的實踐。

曖曖內含鮮，豐盈味蕾

閩客族群在節慶祭祀時普遍作為祭品的紅龜粿（紅粄），在竹筍盛產時，龍崎、牛埔的居民更就地取材的將筍子包入紅龜粿，或先炒料再炊製成筍子鹹粿，口感軟糯，在純米的烘托下香氣四溢，味道十分鮮美，只是筍子因含水量高而不耐放，是小小缺憾。

從簡單的清燙或涼食，到入菜催化出醇美，筍的鮮甜暖暖內含，不同時地、不同料理手路，卻一樣豐盈味蕾！

每年入夏，鳳梨、綠竹筍進入採收季，「臺南鳳梨好筍季」也隨即展開，以當令鳳梨竹筍入菜辦桌。（盧正治提供）

淺山炊煙起，窯焙萬福圓 龍眼

　　每年夏秋之際，走進東山，一股淡淡柴燻龍眼的香氣，滿山遍野瀰漫。龍眼樹是臺灣鄉間農村的日常風景，院落轉角隨處可見，盛產期翠綠枝葉掩不住的纍纍果實，進了窯裡烘焙出迷人的桂圓，是東山拿得出手、也是臺南驕傲的寶。

飽滿的龍眼在夏季豔陽中恣意盛產，沈甸果實垂掛樹稍，彷彿招人快快採收。

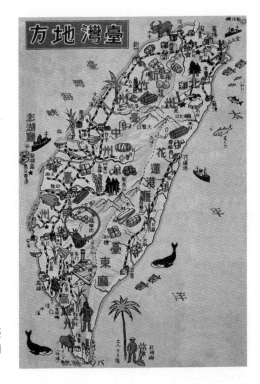

日治時期，龍眼肉已是當時臺南州地方特產。（《日治時期臺灣物產分布圖》）

外來植物本土化，小小龍眼成經貿要角

　　龍眼原產於中國東南，閩粵移民引進後，到清代已是臺灣常見的植物，清康熙 56 年（1717）《諸羅縣志》就提到「牆下廣植龍眼」、「諸羅產甚多，味比內地」、「果多樣，多龍眼，味垺內地」，[28] 不像其他由外地引進的水果需要好幾代的馴化，龍眼在臺灣的風土環境下適應良好，才能產量多、滋味好，已然成為本土的作物。

　　東山烘焙龍眼的歷史非常早，由於先天多元的地勢與氣候，自早淺山丘陵就已遍布龍眼樹，是龍眼的盛產地，因為採摘後的龍眼鮮度無法維持太久，烘焙成了最好的保存方式。從清代起，當地先民便在這裡依著山勢搭起一座座土窯，開始了與龍眼相依相存的關係。

　　烘焙過的龍眼也稱福圓，因為利於長途運送，還是臺灣早期外銷重要的水果。清末臺灣開港後，龍眼的貿易穩定成長，除了供應臺灣外，也由南部輸往中國東南沿海與華中地區的浙江、寧波、上海等地，甚至遠送到天津。[29]《安平縣雜記中》就記載：「做福員肉司阜：俗名龍眼乾。樹上採下，以火焙之，去殼與核者，名曰福員肉。」[30] 龍眼作為兩岸經貿往來的重要物資，更有專責加工生產福圓肉的行業，形成專門產業鏈。到了日治時期，龍眼肉已成為臺灣特色產物。

修枝矮化便管理，疏果保障品質

　　焙龍眼是極其辛苦的事，從前端的採摘就是大工程，過去，果農不知道龍眼樹可以修枝矮化，「粗放式」任其生長的結果，自然樹勢高大，不但整理需上樹，還得攀高取果，動輒 3、4 層樓高的龍眼樹，

定期的疏枝，才能讓龍眼生長得更好，龍眼矮化後透光性較佳，採收快速，也比較能抵禦颱風。

縣道旁、公路邊，經常可見一家子都出動採收龍眼的農民，當地果農的日常生活與
經濟活動，幾乎都與龍眼綁在一起。

枝葉繁密，經常有蜜蜂築巢，得冒著不慎失足與被蜂螫的危險，因採收龍眼導致的傷亡事故時有所聞，後來果農將龍眼樹矮化，便於管理，採收也節省人力。

而為了避免結果過多以及確保剩下的果實能更豐碩飽滿，在種植時還得「疏果」，將著果不良、遭病蟲害以及畸形果的枝條去除，「留下來的絕對是精華！」東山的龍眼重質不重量，品質好就已經踏出成功的第一步。

繁雜工序，全憑經驗

採摘下的生鮮龍眼，大顆的鮮果挑揀出售，跟著便是一連串烘焙的粗活。對當地果農而言，焙龍眼是家裡、甚至聚落的大事，有些焙灶寮在點火開窯前，還必須舉行「拜寮」、「謝寮」一套祭拜儀式，為的就是祈求與答謝烘焙過程平安順利。

「全臺灣的龍眼就我們東山的級數最夠，3斤焙1斤！」提到龍眼，神情頗為自豪，年近七旬，烘焙龍眼幾十年的羅丁慶（龍伯）說，以前龍眼都整葩（pha）連帶枝葉一起入窯烘焙，過程中還需「清米」（在龍眼烘乾後以人力徒手讓龍眼枝條與顆粒完全脫離），後因清米實在太費時，也因樹枝脆化後容易造成龍眼殼破裂，才改變工序，先去枝條，再逐顆剪蒂頭，「要一顆一顆手剪，避免龍眼殼破損，落焙時水分透出太快，果肉變得乾柴。」之後就能將生果粒送到焙灶窯「落焙」。

生果平鋪在焙床後，於火口點燃柴薪，利用上升的煙燻熱氣將龍眼加熱烘乾，「一開始先用大火初焙，後再以小火慢焙，約兩、三個小時就必須需巡一次柴火，避免烘到『臭火焦』（tshàu-hué-ta，燒焦）。」火候與時間的掌控對果農而言只是基本，後續更考驗技術與體力的，是烘焙期間每天的「翻焙」。

彎著腰踩在滿是龍眼的焙床裡，小心翼翼的移動雙腳，同時將平

新鮮的生果送到集中站，先篩選揀果，大顆的生果出售，其他的留下來烘焙。

鋪在竹箴上的龍眼上下層對調，讓每一顆龍眼均勻受熱。龍伯說，翻焙是焙龍眼最關鍵的步驟，每天至少得翻一次，還要聽聲辨識，撥動龍眼聽碰撞時發出的聲音，或剝開試吃，依龍眼內部乾燥的程度增加翻焙次數，通常最上層的龍眼因離底下的火源最遠，保水度高，因此最重，愈往下層愈輕，在撥動的時候，雙手自然會告訴你，也要適時的移動柴火的位置或將柴火減量，免得被熱氣燻傷。傳統焙灶窯沒有溫控設計，焙龍眼除了代代相傳的法則，全憑手感及多年經驗！

以手工修剪清果，才能保留蒂頭完整（左），讓水分緩慢析出，果肉才會 Q。

翻焙時，還要仔細聽龍眼碰撞發出的聲音。

焙灶窯一開，柴火一點，就是一場漫長等待

　　而焙灶窯一開，柴火一點，高溫煙燻，在暑氣逼人的大熱天裡不僅是件苦差事，一升火就不能熄火，不眠不休長達 6 天 5 夜都得守在簡陋的焙灶寮等待，更是磨人，[31]「溫火慢慢焙才能帶出龍眼乾的香甜 Q 彈。」南溪社區龍眼產銷班長李清祥說，東山的龍眼不僅果肉厚、糖質與水份也高，加工不易，更不容易掌控火候，所以至今仍堅持拉長天數細火慢焙，他的龍眼香醇有嚼勁，內行人一試便知。

　　「早年焙龍眼期間，吃睡都在山上的焙灶寮裡，連電都沒有，焙好了還要以扁擔扛下山，真的是『流目屎的穡頭（sit-thâu，指工作）』。」經歷數日的守在窯邊烘焙，許多果農就如龍伯一樣，淚汗交織，換來滿寮生香。

李清祥堅持溫火慢慢焙才能帶出龍眼乾的香甜 Q 彈。

不同的焙灶窯，依著烘焙的期程，有各自的節奏。

南溪社區土窯巷裡，李清祥的焙灶寮掛起烘焙龍眼的解說牌，也是當地產業示範點。

含水的掌控是龍眼乾美味的關鍵之一，每一批的龍眼以及不同階段的烘焙變化都不相同。

全村動員相放伴，另一番甜蜜與情誼

「溫度變化影響的是龍眼乾的口感，但要烘出這一味就要用對柴。」家裡幾代都種植龍眼的南勢里農民童振鴻說。東山的龍眼乾另一個特色是使用龍眼樹的枝幹為柴薪，因為龍眼木油脂少且質地硬，燃燒後煙燻溫度高，可穩定火候，烘焙出的果殼色澤深褐，還帶有獨特的煙燻香氣，是以雜木或柴油烘焙的龍眼乾無法比擬，[32] 有些果農還

會交替使用乾濕兩種龍眼木來控制火候與煙燻的效果。[33]「同根相煎」，不禁讓人想起曹植的〈七步詩〉，然而不經此高溫火焙，便難造就特殊的果肉質地與香氣。

從採收、生火、落焙、翻焙、出焙到收袋，就是俗稱的「龍眼殼仔」，之後老幼婦孺全家齊聚在門前庭院，閒話家常的去殼剝肉，剝出香甜美味的龍眼乾。[34]事實上，除了自家人外，在龍眼烘焙的季節裡，瑣碎繁重的活兒，也得仰賴鄰里間的輪流幫忙，從過去仰山而居的人為禦守家園得相互扶持，如今，這份相依也轉成日常生活中的「放伴（pàng-phuānn）」，是龍眼促成的另一番美好情誼。

以龍眼木烘焙出的龍眼乾色澤深褐，帶有獨特的煙燻香氣。

龍眼成桂圓，暖身暖心好意涵

烘焙過的龍眼乾又稱為「福圓」、「桂圓」，果肉厚實香Q、甜而不膩且性溫滋補，早期是在中藥舖才能買到的藥材，算是很珍貴的食品，所以常作為民俗裡的餽贈之禮或儀式性食物，如訂婚時象徵吉祥圓滿，也有一說，女方要將男方送來的福圓拿兩顆起來吃，據說是看住新郎的眼睛，使其婚後眼裡只有自己，不再多瞧別的女生；嫁娶時以棗子、花生、桂圓、蓮子為聘禮，取其「早生貴子」之意；過去閩南一帶在七夕時，有「分豆結緣」祈求好姻緣的習俗，如在《重修臺灣府志》便記載以「黃豆煮熟洋糖拌裹及龍眼芋頭相贈貽，名曰『結緣』」[35]，臺灣舊俗，以糖拌炒黃豆、芋頭、龍眼等時令水果，再分贈鄰里親友，同樣有結好緣之意。此外，在民俗祭解時與民間傳言的「天赦日」，也會以帶殼的福圓祭拜神明，並在祭祀過後剝去外殼，象徵去除厄運、破殼重生。

龍眼乾也經常作為冬令節日裡的食材，如立冬、冬至、臘八加入糯米熬成桂圓米糕、八寶粥，或混搭藥膳，讓蓄積在龍眼乾裡的滋補能量，溫暖冬日身心。臺南人過去也以龍眼乾煎蛋，或以麻油、雞蛋煎椪餅（香餅）時加入龍眼乾成為「月內餅」，是府城人坐月子時獨到的吃法。

鄉村炊煙香，老派新滋味

2008年，知名麵包師傅吳寶春尋找到這股迷人的香甜，使用東山果農李清祥的龍眼乾做出酒釀桂圓麵包，一舉拿下世界麵包大賽獎項，讓這股臺灣味跟著站上國際舞臺，也吸引不少烘焙業者以東山古法煙燻的龍眼乾為食材，讓龍眼乾從傳統中藥進補、坐月子的老東西，搖身一變成為養生時尚的食材，從氣味輕揚的菊花龍眼枸杞茶，或香沉圓潤的桂圓紅棗茶，到添加於西點餅乾中增加風味與層次，老食材變

甜滋滋龍眼乾搭配排骨，頗應臺南人的食物帶微甜尾韻的飲食口味，「排骨蒸福肉」鹹甜平衡得極為巧妙，毫不違和。

出新滋味，在地的果農子弟也研發出桂圓地瓜酥、桂圓紫米布丁、桂圓咖啡雞……等，不斷翻新龍眼乾的吃法。

2023 年，東山區公所首次舉辦「東山桂圓文化產業活動」，除了桂圓評鑑及桂圓人氣賽外，更與在地辦桌師傅合作，推出福肉蓮子米糕、排骨蒸福肉、龍鳳蟲草雞湯、龍眼肉蓮子桃膠銀耳甜湯等多道以桂圓入菜的宴席，推廣東山的龍眼產業文化，與民眾分享更多樣的桂圓料理方式，龍眼，替代了糖，緩釋出一種溫柔的甜！

無論是返鄉青年或始終固守著這片山林的老人家，甚至地方公部門，他們共同的希望是讓一車車的龍眼能行銷出去，讓更多人品嘗到這份甜美，令東山的龍眼能香氣遠揚。

不只技術與美味，要守住的還有產業文化與回憶

　　「小時候放暑假每天就是幫忙家裡焙龍眼、剝龍眼乾，沒剝完不能出去……。」從小幫著家裡採果、焙龍眼的王保仁回憶起童年，別人期待的暑假，卻是自己恐懼的噩夢，立志將來一定要脫離這窯火煙燻之地，長大之後，卻還是回來守著這片山林。感嘆願意投入這產業的年輕人愈來愈少，卻也欣慰自己的孩子肯學肯做，然而，像這樣的人畢竟不多，缺工與傳承問題仍然是隱憂！

東山的淺山地區，幾乎每戶農家都有自己的焙灶窯，2 至 3 口焙灶窯連在一起，搭建成一個「焙灶寮」。

一座座焙灶窯承載著產業歷史的脈絡，是當地人生活的真實樣貌，如今，東山境內還有大約774座的焙灶窯，[36]分布在南溪、水雲、林安、東原、嶺南、南勢、青山、科里、高原等里，裊裊炊煙，依舊是東山最美的文化景觀。

「這是生計，也是情感。」龍眼靜默佇立在這片土地數百年，孕育出東山人特有的生活方式，要守住的不只技術與味道，還有產業與飲食文化，以及深刻的情感記憶。

一座焙灶窯的背後就是一家的故事，交織出東山土地與人群綿密的情感。

隱於地方風土的厚實內蘊 葛鬱金

　　如果說破布子是左鎮外顯而張揚的物產，那葛鬱金便是隱於地方風土中的厚實內蘊，從最簡單的常日滋味，一躍成為最不簡單的潛力作物。

　　在左鎮提到葛鬱金，或許還有人會稍微愣一下，但若換個稱法——「粉薯」，當地長輩們很自然的便會打開話匣子，開始告訴你關於粉薯的一切。

　　葛鬱金又稱「竹芋」、「粉薯」，[37] 原產於中、南美洲加勒比海附近地區，相傳，南島語系原住民祖先在東南亞的遷徙過程中，攜帶葛鬱金當主食，乘船一路來到臺灣，將沒吃完的葛鬱金種下，才有數百年後這座島上的葛鬱金，成為山區或原住民部落裡常見的植物。

葛鬱金隱藏在土裡，一般人或許難以辨認，當地人卻隨手便能挖出。

　　外形長得像薑也有點像筍的葛鬱金，因為地下塊莖富含纖維及澱粉，具有飽足感，是早年糧食的替代品，更是古早製作澱粉的原料。日治時期，臺灣總督府對葛鬱金已有相關的調查統計，[38] 總督府農事試驗場、殖產局的出版品也可見零星記載，[39] 總督府針對葛鬱金的栽培及澱粉製造法並進行研究，在 1911 年出版《アロールート栽培法附澱粉製造法》一書中，[40] 記載葛鬱金的沿革及產地、栽培法、澱粉製造法等。1915 年，福建省立甲種農業學校到臺灣參訪時，該校學生邱文鸞在他的考察遊記中就提到，葛鬱金及樹薯都是當時臺灣製粉最好的原料。[41]

大正六年葛鬱金栽培統計　　殖產局調查

區名	栽培面積 甲	收穫高 根 斤	同上價格 高	甲收穫所價格 平均一平均百	主なる栽培地方
臺北	二〇・一〇	一五・二〇〇	六・八〇〇	二一・〇〇	北投庄、叭哩庄、安坑庄、直潭庄、沈內坑庄、五堵庄、北投庄、土地公埔庄
宜蘭	一二・〇〇	三五・〇〇〇	九・五〇〇	二一・〇〇	員山、宜蘭
桃園	六・八一〇	七・〇〇〇	二・一〇〇	二〇・〇〇	（水坑方面（價格は百斤に付一圓）して殖産局にて精算さるべし）
新竹	〇・六一〇	三〇	一・〇〇〇	一五・〇〇	竹苗一帶、苗栗一帶
臺中	〇・六一〇	二〇・〇〇〇	六・〇〇〇	三〇・〇〇	蕃地
南投					
嘉義	一二・八一〇	三〇・〇〇〇	八・〇〇〇	二六・〇〇	唐仔口支廳、竹仔仔街地方
臺南	一二・〇〇〇	一四・〇〇〇	二・八〇〇	二〇・〇〇	凱山支廳、深圳庄、深水庄
阿緱	二〇・〇〇〇	二〇・〇〇〇	五・〇〇〇	二五・〇〇	老埤庄、潮庄統庄、海豐庄、牛洞埔庄、水蛙潭庄、北勢庄
臺東					
花蓮港	一五〇・〇〇〇	二〇・〇〇〇	五・〇〇〇	二〇・〇〇	蓮鄉吉野村
澎湖					
計	二三六・四五〇	一八六・二六〇	五二・二〇〇	二六・〇	

大正 7 年出版的《臺灣農事報》上，可看出當時臺南葛鬱金的栽培與產量位居前茅。（《臺灣農事報》，臺北：臺灣農友會，1918。）

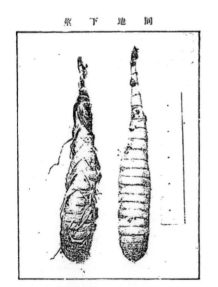

間地下莖　　　　　　トールーロア

1911 年臺灣總督府農事試驗場出版《アロールート栽培法附澱粉製造法》一書中，還有葛鬱金的圖片。

葛鬱金繁殖力強,左鎮當地許多人家屋邊園中隨處可見。

老祖先的智慧,西拉雅部落的珍寶

　　能適應旱地,不需施肥,極易種植且繁殖力強的葛鬱金,自早就是左鎮重要的作物,[42] 當地家家戶戶或多或少都有種植,或在林子裡,或不經意的在自家園中灌叢小樹下,幾乎隨處可見,居民對葛鬱金的運用更十分嫻熟。

　　據地方耆老口述,粉薯(葛鬱金)簡單水煮或蒸熟後就能直接吃,近似荸薺的口感,咀嚼後卻多了點糯性,也可切片油煎或火烤作為果腹的零食,早年家庭人口多,還以此貼補主食的不足。後來吃法更多樣,搭配雞肉等食材煮湯,滋味清甜,是餐桌上樸實卻迷人的風味。

　　葛鬱金更是廚房裡最好的食品添加物,在臺灣還未引進馬鈴薯的年代,經處理水洗過濾出的粉薯粉,可說是臺灣第一代也是最天然的太白粉,做菜時可用來勾芡、增稠,或拿來炸丸子,也可當作粿粉類

點心的基底，而在煎魚時薄薄抹上一層，還能避免沾鍋。葛鬱金的烹煮方式與吃法，是當地居民隨口說得出，也是腦海裡的共同記憶。

「著痧（tioh-sua）、熱著（juah-tioh），就拿粉薯泡水喝」、「在園裡噴完農藥如果中毒，粉薯還能解毒」、「肚子痛拉肚子，也會挖粉薯來吃」，葛鬱金性涼，具清熱、解毒、降火氣之效，除了拿來入菜做飲品，還是當地居家保健珍品。將葛鬱金粉加黑糖泡水喝，是當地人人奉行的消暑良方，許多農民夏日在農忙過後總會泡上一杯紓解熱氣，在田裡噴灑農藥後出現不舒服的症狀，甚至平日裡腹痛腹瀉，也會食用葛鬱金去除殘毒、止腹瀉，據說比看醫生還有效。關於葛鬱金的功效，當地還有個頗為一致的說法，據說，就連老鼠誤食老鼠藥後奄奄一息，到田裡再啃食葛鬱金後，竟然可以奇蹟似的活蹦亂跳！

聽來頗為神奇，耆老們言之鑿鑿，原本對葛鬱金藥用解毒之效抱持半信半疑的公館社區發展協會理事長陳柳足，某次在帶完解說導覽後，似有中暑跡象，入境隨俗的以葛鬱金泡黑糖水喝，果然症狀緩解，

一條葛鬱金只取尾段一節如拇指般的大小下鍋油炸，酥鬆的口感令人忍不住一口接一口。

葛鬱金富含纖維，且不同部位纖維有別，中段纖維多，尾段通常比較細緻。

後來家人腹瀉也以葛鬱金止瀉，「還真的有效！」親身體會過葛鬱金的藥用奇效，是最有力的見證，「不要小看葛鬱金，真的是上天給左鎮居民最珍貴的寶！」

老祖先流傳下來的智慧，也把當地婆婆媽媽們個個都訓練成製作葛鬱金粉的高手！

葛鬱金出土，豐厚餐桌與常日

每年 1、2 月葛鬱金收成的季節，左鎮二寮、草山、岡林聚落裡的婆婆媽媽們就開始忙著準備「洗粉」。將挖掘下來的葛鬱金洗淨、仔細剝除外面的薄膜，跟著搗碎壓榨，取出澱粉液後再搓洗攪打，去除纖維與雜質，接著過濾沉澱，最後再經數日曝曬讓水分蒸發，就能得到雪白細滑的葛鬱金粉。「粉薯洗粉很厚工（kāu-kang），所以一開始

葛鬱金收成的季節，固然繁忙辛苦，卻也是當地婆婆媽媽難得的歡聚時光。

左鎮地方的媽媽們嘗試將葛鬱金拿來釀酒，目前仍在試作階段。

居民都留著自己吃，或送給親朋好友。」陳柳足說。因為產出的量少，不敷販售，且經一番辛苦手洗的葛鬱金粉，與左鎮人的生活休戚相關，居民不太願意賣，也令葛鬱金的好，始終留在當地的餐桌與日常。

「這麼好的東西，應該推廣出去，讓人家知道左鎮不是只有破布子跟芒果。」在地方社區的積極推廣下，近年，葛鬱金脫胎換骨的有了新面貌。

2012 年，公舘社區發展協會為發展地方特色，開始嘗試對外行銷販售葛鬱金粉，推出不久後碰上臺灣爆發毒澱粉事件，讓訴求健康無毒的葛鬱金粉因而一度受到市場青睞，可惜後來隨著新聞事件的淡化，加上葛鬱金粉的製作極為費工且產量有限，「10 斤的葛鬱金才能洗出 1.5 斤的粉！」陳柳足大嘆葛鬱金從採收到洗成粉，工序繁冗不說，因為富含大量纖維，過程還會產生大量廢渣的耗損，使得價格始終難以與進口廉價太白粉競爭，加上一般民眾對葛鬱金粉仍很陌生，因此市面上並不普及，銷售相形困難。

曇花一現的風光後，葛鬱金還是退下了絢麗舞臺，只能回到後臺繼續隱隱練就與等待下一次的光彩。

仔細剝除外面一層膜，再經清洗，露出光滑白晰如毛毛蟲般的細緻。

過去機械尚未普及時，當地居民得想盡辦法用各種工具將塊莖搗碎，如今有機器代勞壓榨。

以搓揉、擠壓等方式將澱粉取出,至今仍以徒手方式進行,十分費力。

濾除纖維雜質的澱粉液,還要靜置沉澱一晚,將髒水去除,如此反覆數次,才能洗出潔白的粉塊。

將洗白的葛鬱金粉在陽光下曝曬 1 至 2 日,葛鬱金粉雪白細滑,在當地有「白色沙金」的美稱。

曬粉時要經常巡視，防風吹與落塵，並不時的鬆揉，確保完全乾燥，夜晚還要蓋塑膠布防露水。

【葛鬱金洗粉步驟】

1. 採收（察看葉子判斷是否可採收）
2. 剝皮洗淨（將塊莖上泥土洗淨，撕除薄膜後再次清洗）
3. 搗碎壓榨（過去徒手，今改用機器壓榨至少三次，取出澱粉）
4. 水洗澱粉（加水手揉，將澱粉壓出，再以粗紗布除纖維雜質，留下澱粉液）
5. 過濾沉澱（靜置澱粉液，倒除上方髒水，再加水沉澱，反覆進行到變白色粉塊）
6. 曝曬乾燥（揉鬆粉塊，曝曬 1-2 天至完全乾燥）
7. 集粉

葛鬱金麵，麵條 Q 彈風味特殊，是公舘社區推出的特色商品。

結合地方水果研發的葛鬱金果醬，讓在地食材成為地方創生的新能量。

過去將洗粉後的殘渣放入土裡鬆土沃土，令葛鬱金生長更好，幾年前透過產官學合作，將廢渣再利用，開創農作物的循環經濟。

原鄉特色，潛力作物提升競爭力

　　葛鬱金粉售價不親民，難以推展。轉變，成了勢必之路！

　　臺南製麵業發達，過去，以地方農產入麵的例子多不勝數，如善化芝麻麵、官田菱角麵、白河蓮藕麵、龍崎竹炭麵……等各種特色麵條，既豐富麵食的口味與營養，也提供消費者更多元選擇。在公舘社區發展協會的構思下，向小農收購葛鬱金，將麵粉與葛鬱金粉以適當的比例（13:1）混合，製成葛鬱金麵條，口味特殊且具新意，口感比一般麵條 Q 彈，烹煮湯麵也不易糊化軟爛，完全無任何添加物、天然的

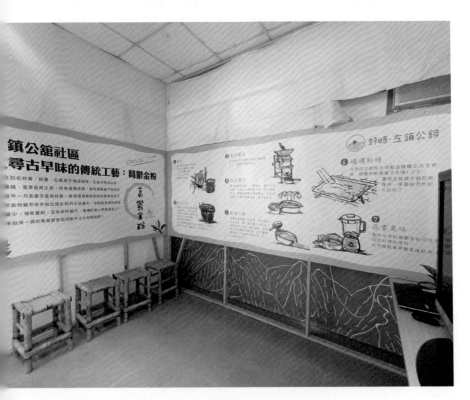

葛鬱金故事館展示葛鬱金從一級產業到六級產業的發展歷程。

葛鬱金麵條，在推出後頗受好評，回購率也令人滿意！以在地物產成功創造出特色商品，不但讓葛鬱金有了新的契機，開啟農民產銷之路，也延續地方產業的活力，建立居民的信心。

之後社區更陸續研發葛鬱金果醬，甚至透過產官學合作，在成功大學團隊的協助下，將葛鬱金製粉後剩餘的殘渣再利用，研製舒緩提神的輕青霜與葛鬱金面膜，廢渣發揮更大效益與價值，也開創農作物的循環經濟。

除了吃，還能玩，農遊活絡社區，翻轉地方產業

除了麵條、果醬與保養品外，每年春天葛鬱金盛產時，公館社區還舉辦「左鎮葛鬱金豐收祭」與主題小旅行，提供當地學童體驗挖掘葛鬱金和製粉，吸引外地遊客走訪葛鬱金故鄉，以農遊活動促進地方產業，活絡社區居民，翻轉白堊地命運。

參與這場蛻變的，還有社區裡的岡林國小。日治時期創校的岡林國小，儘管走過百年歲月，卻因地處偏鄉，招生不易終至廢校，經市政府觀旅局的規畫，整建為「左鎮月世界生態學園」，成為露營場地，活化廢棄空間。2020 年，在西拉雅國家風景區管理處、水保局與市政府文化局、以及左鎮公所的協力下，設立「葛鬱金故事舘」，讓更多人認識這項在地產業與先民的智慧，同時也扮演起葛鬱金向外推展的據點，成為銜接社群的橋梁。

如今的葛鬱金，除了加工製成各項商品，還能百變的融入家常菜餚，調製各式飲品或添加到糕餅，增加軟綿質地，年輕人更發揮創意的做成「葛切」料理，也利用葛鬱金粉製作出軟糯 Q 彈卻不黏牙的葛鬱金雪花糕。

在白堊地左鎮，葛鬱金努力的衝破極限，讓人看到簡單中的不簡單。

畫龍點睛來一尾，臺南小吃的靈魂 火燒蝦

東北季風一吹，是火燒蝦的產期，沿著安平、七股到將軍沿海，從 10 月一直到隔年 5 月，漁民火火紅紅的展開捕撈。不同於其他活蝦的體色灰藍，學名「鬚赤蝦」的火燒蝦，渾身通紅，猶如被火燒過，因而得名，也因為蝦殼厚實，被漁民稱為「厚殼蝦」。

臺南附近的海域因為盛產火燒蝦，漁獲方便，讓臺南人不但習慣且懂得品嘗它軟綿的口感，[43] 更充分善用這股鮮美，火燒蝦成為臺南許多小吃不可少的一味！

不用煮，就已經渾身紅通通的火燒蝦，是內行人才知道的美味。

火燒蝦，是老天給臺南人餐桌上的禮物

　　臺南許多人氣小吃，包括蝦仁飯、蝦仁肉圓、蝦捲、蝦仁炸、擔仔麵、鍋燒意麵……，都得用火燒蝦才算道地，還有安平特產蝦餅、蝦酥等零嘴，也非得以蝦味十足的火燒蝦為主要食材，足見火燒蝦與臺南的深厚淵源。

　　嘉南平原自早是臺灣的米倉，來自平原上的米與臺南沿海的蝦，蝦仁飯是典型的在地飯食代表。臺南有多家傳承好幾代的蝦仁飯，創始人葉成最初在日本料理店學藝，後自行創業時逢火燒蝦盛產，發想出蝦仁飯，今日臺南知名老字號「矮仔成」與「集品」，都屬葉家的傳承。蝦仁飯的絕妙風味不只飯上的數尾火燒蝦，還有以柴魚、鮮蝦熬煮的高湯作為基底，搭配調製醬汁拌炒的米飯，類似炊飯的口感，濕潤中帶點鹹甘，再擺上以豬油、蔥段爆炒的蝦仁，讓吸飽湯汁的米飯散發出鮮香海味。而每天現剝的火燒蝦殼也物盡其用，給養鴨場當鴨子的飼料，富含甲殼素的蝦殼能令鴨蛋黃色澤黃潤、香氣濃郁，再以鴨蛋煮湯，成為絕妙組合。

位於臺南市中山路巷內的黃氏蝦仁肉圓，只使用火燒蝦，沒有火燒蝦就不營業。（陳信安提供）

蝦仁飯用的多是安平港與興達港一帶的火燒蝦。

　　火燒蝦也是蝦仁肉圓必備食材，幾尾火燒蝦仁包進肉圓，一網打盡鮮美，配上由店家自調的濃厚醬汁，軟滑回甘，過去有店家將剝蝦後剩下的蝦殼用來熬製醬油膏，平衡醬汁的鹹味也增添鮮味，成了獨門美味關鍵。近年因天候異常，有時漁民捕撈不到火燒蝦，蝦源供應量不穩定，有業者窮則思變，以其他蝦種替代，也有如中山路巷內的「黃氏蝦仁肉圓」，絕不妥協，不定時的掛上「今日休息」、「沒蝦賣」告示，「食材至上」的堅持，也是臺南小吃的獨傲性格。

神來一尾，可華麗張揚，可內斂聚味

　　相較於蝦仁飯上鋪滿數尾蝦子的外顯張揚，擔仔麵裡的火燒蝦顯得內斂低調。擔仔麵的特色在於以大量蝦頭與蝦殼小火慢熬的濃郁湯

擔仔麵上神來一尾，是精華，也為這碗麵添顯價值。

頭,那是非得識味人才能體會的精髓,好像也宣示著臺南小吃的精神,深厚的底蘊永遠是藏於內。而堪稱擔仔麵靈魂的那鍋肉燥,據說在味精還未普及前,也是用蝦肉、香菇、絞肉、五香、醬油經年不斷熬煮製成。擔仔麵一剛開始便是為了度過慘澹小月而挑擔叫賣,小灶小碗成了標誌,麵巧湯少外,就連最吸睛的那一或兩尾火燒蝦也不能大,配合小碗比例和諧,才是完美呈現,並得留著蝦尾殼以示新鮮美觀,也才能表示正宗。

其他如蝦捲、蝦丸,在選料上也都使用火燒蝦。

在臺南大宴小酌中常見的蝦捲,是以新鮮蝦仁裹上魚漿或蝦漿後,再包覆網紗油 44 下鍋油炸。以網紗油為炸皮是臺南早年蝦捲的特色,許多炸物小吃,如肉鰔仔(bah-kián-á)也都以此作法,經高溫油炸讓包覆在外的油脂溶化,滲入內餡,造就豐厚的脂香,也能形成一層保護膜,保持蝦捲的鮮嫩多汁。只不過因網紗油清洗與去豬羶味頗為費

臺南古早味的蝦棗、蝦捲等小吃,外多以豬網紗包覆。

工，且現代人聞肥油色變，部分業者轉而改用豆皮或其他裹粉，如經營 3 代，幾度搬遷，現在落腳在西和路的「府城黃家蝦捲」，至今仍以網紗油包裹火燒蝦，而府城享譽盛名的「周氏蝦捲」，則有網紗與豆皮兩種蝦捲。

另外，由火燒蝦製成的「蝦仁炸」（炸蝦仁），是臺南傳統市場裡的隱藏版美食，這類專賣炸物的攤位通常不大，秤斤計價，是臺南主婦們的最愛，鴨母寮市場裡的「泉成點心店」，販賣麵食點心，然而，各式海鮮與蔬菜炸物才是店內最搶手的招牌，尤其由數尾火燒蝦集結而成的蝦仁炸，比單隻大蝦更有層次與咀嚼感，在生意好時，經常一上桌面就被一掃而空，在琳瑯滿目的炸物中，分外搶戲。

火燒蝦，真是老天給臺南人餐桌上的禮物。

數尾火燒蝦包裹在麵糊裡，再以青蔥點綴，泉成點心店的蝦仁炸很搶手，經常一端出就被掃空。

青鯤鯓獨有的火燒蝦乾

　　臺南許多傳統小吃指定以火燒蝦當主角，早就成了店家們長期以來一致的默契，整尾蝦子新鮮下肚外，製成蝦乾、蝦米，讓它的身價從一斤百元水漲船高的直上千元！

　　靠海的將軍青鯤鯓，居民幾百年來深諳海裡的美味，火燒蝦乾就是一絕，「曬乾吃起來比較清甜啦！」除了讓陽光緩緩逼出蝦子的香氣與甜味外，也因為火燒蝦無法養殖，只能野生捕撈，過去當地捕獲大量的火燒蝦，為了延長保存，靈機一動有了因應的智慧，「早年全村有好幾百人在剝蝦殼、曬蝦乾……。」青鯤鯓因產地之利，曬蝦興盛，全盛時期更造就曬火燒蝦家庭式產業，據說，火燒蝦乾最早就源自這小漁村。

曬火燒蝦乾是青鯤鯓的獨有產業。

從「喊魚仔」開始，一條龍家庭式產業

當地居民曬的火燒蝦，有漁民捕撈而來，也有「喊魚仔」（閩南語音「喝魚仔」huah-hî-á，即叫賣魚貨）所得，每當漁船進港，居民就準備到漁港搶最新鮮的火燒蝦。

漁港內一簍簍的漁獲一字排開，魚販們逐一開價，由領有魚牌者喊價，開放競標，喊價最高者得，「喊魚仔」是將軍、青鯤鯓漁港獨特的拍賣方式，「以前人更多，熱鬧滾滾！」近幾年，因為漁獲量減少，加上漁村人口外移，喊魚仔不若從前熱絡，嫁來當地曬蝦乾快 50 年的錦雀阿姨說，以前的火燒蝦一進港就是上百斤，堆積如小山，現在只剩幾十斤，有時還不見得有，得往其他漁港買，所以成了大家心心念念、朝思夜盼的寶貝。

在拍賣前一晚漁船出海在近海捕撈，隔天早上返航販售當天魚貨，「喊魚仔」是將軍漁港的特色。

各式各樣的海鮮漁獲一簍簍的排開，任君挑選。

　　「這樣 8 斤才能曬 1 斤！」經過一番辛苦去殼、曬乾後的火燒蝦身體較扁，經去殼脫水後重量也較輕，重量變輕，對於賺取微薄工資的青鯤鯓居民來說，形同價格又壓低，但是，火燒蝦愈乾，表示品質愈好，當地居民們對這點很堅持，始終做到最好！從捕蝦（或取蝦）、剝蝦、曬蝦到賣蝦，青鯤鯓許多家戶一條龍式的生產，烈日下的汗水與不停歇的雙手，成就饕客嘴裡的美味。

　　從過去隨著東北季風而來的一船船豐饒漁獲，火燒蝦、劍蝦產量過大，只好曬乾作保存，到後來因環境天候影響，導致蝦源不足，錦雀阿姨說有些店家因為火燒蝦短缺，轉改用白蝦、劍蝦，甚至有因為火燒蝦而原本門庭若市的店家，在沒有足夠蝦源後索性的就收起來不做，真是成也蕭何敗也蕭何！

在地吃法，萬用蝦乾，廚房秘寶

不經任何調味的火燒蝦乾，只有天然的鮮甜味，再有附加，就是蝦肉的嚼勁，絕對是異於鮮蝦的絕妙口感。當地居民更將火燒蝦乾發揮得淋漓盡致，煎煮炒炸都不違和，萬用極了！火燒蝦乾在半乾濕時最好吃，蘊滿鮮厚的海洋氣息，只消水沖一下，就可下鍋烹煮。無論煮蝦乾鹹粥、蝦乾米粉或麵線、蝦乾煨絲瓜，或是炒菜時爆香幾尾，鮮味立刻噴發，讓味精頓時失色；而烤過或油炸的火燒蝦乾更是鮮香耐嚼，是最好的佐茶下酒菜；甚至無須費心多想，簡單的以豬油爆香蔥段後，大火快炒兩下，逼出香氣，就是人間美味。

在當地頗有歷史的「秀里蚵嗲」，一改傳統的還將火燒蝦包進蚵嗲，創造出令人驚豔的滋味，成了青鯤鯓獨有的限定小吃。

未煮時腥味濃烈，烹煮後卻又其鮮無比，令人魂牽夢縈。小小一尾火燒蝦，乾濕美味各有千秋，可華麗耀眼，也能暗暗增香，這股滋味從產地到餐桌，一如它的名字，迸發如火燒般的熾熱魅力。

日光曝曬等同低溫烘焙，曬好的火燒蝦乾乾淨，色澤漂亮。

一盤蝦仁炒麵，單純下蘊滿海的鮮味。

從早餐到宵夜，延續一日的精彩 牛肉

清代〈憲禁妄用牛油作燭碑記〉中明令禁止宰牛，也嚴禁使用牛油作燭，以安農事。（臺灣記憶提供）

牛肉，現在已經是很具代表的臺南美食，尤其牛肉湯，從清晨到深夜都可見供應，任何時候來上一碗，味蕾與腹肚絕對都是大大的滿足。

臺灣人傳統不吃牛，日治時期西風東漸，牛肉上餐桌

不過，牛肉在臺南風行是很後來的事，過去，在多數老一輩臺南人的生活經驗裡，可能沒有牛肉湯這項飲食，因為臺灣早年務農，牛是農耕主要的牲畜，情感上是幫助人犁田，理應感恩，加上信仰與迷信命理的緣故，豈有吃牛的道理。不過，如果從長遠的歷史來看，早在荷蘭與鄭氏時期，臺灣賣到中國的肉類醃製品，除了主要的鹿脯外，還有牛肉乾，當時並以牛肉配酒，而鄭成功的軍隊在攻打荷蘭人期間也食用牛肉，可見臺灣吃牛肉的歷史悠久，此從清代臺灣各地方志記載中可見「牛肉寮」、「牛坑」、「牛寮」等舊地名，可知舊

臺灣人對牛肉接受的程度已大幅提升，臺南隨處可見各式土產牛肉料理。

時臺灣有殺牛行業，臺灣人也食用牛肉。不過，民間吃牛，清政府因擔心私宰牛隻風氣盛行會影響農業生產，另方面牛也是重要的交通運輸工具，於是透過法令禁止屠宰與吃牛，[45] 當時就立不少禁止私宰耕牛的告示碑，[46] 除了嚴禁宰殺耕牛外，也禁止使用牛油作蠟燭，政令之下臺灣人被禁久成習慣，也就不吃牛了。

　　臺灣人真正開始吃牛，是在日治時期。日本在明治維新時全面推動西化，當時天皇派出國家人才到歐洲取經，學習典章制度、西方的律法、建築……等，他們更觀察到歐洲國家之所以強盛，或許與西方人飲食中攝取了獸肉，尤其是牛肉的蛋白質，才會體格強健，於是也接受了這樣的飲食觀念，將歐洲的飲食習慣帶回日本，開始食用牛肉，後來隨著殖民政府的腳步更將牛肉的飲食文化引進臺灣，逐漸打破臺灣人不吃牛的習慣與禁忌。這股轉變，起初從富裕人家、上流階層與知識份子開始，後來擴及大都市一般人家也接受餐桌上出現牛肉。

　　如日治時期鹽分地帶的文人醫生吳新榮（1907-1967），在他的日

記裡便屢屢提到來府城享受摩登的生活氛圍，品嘗料理與吃到沙茶牛肉的經歷，[47] 由此大概可知當時的知識份子因思想進步，較不受傳統束縛，而接受吃牛肉。同樣的府城望族，也是知名士紳辛西淮，其五女辛永清（1933-2002）在其所著之《府城的美味時光：臺南安閑園的飯桌》裡，記載孩童時，過年的宴席裡出現紅燒牛肉料理，時值 1930 年代，也可見當時吃牛肉在府城士紳家族裡已不是禁忌，也成為餐桌上的食材。

西市場裡的牛肉湯

戰後初期到 1950 年代末期，臺灣的牛仍多做為農業生產與勞動力，除了老弱的牛隻外是禁止私宰販賣，到了 1960 年以後，隨著農業機械化，育種黃牛的目的逐漸轉而增加食用的功能，往後，工商發達，飲食日益西化多元，牛肉逐漸成為民眾日常飲食中的肉類來源。

最早，臺南市的家畜屠宰場位在下林仔（今建安宮）一帶，在專業的電動屠宰場成立之前，屠宰牲畜的地方必須有大型爐灶，以利擺鍋子燒開水為豬隻脫毛，所以當地又稱「豬灶」，當時包括牛的屠宰也在這裡進行，所以豬灶也是牛肉的來源地，供應臺南西市場（大菜市）內少數幾家牛肉攤，西市場可能是臺南最早販賣牛肉湯的地方之一，而且不同於市場內的點心攤或涼水攤，牛肉的販售從清晨開始，到中午賣完便結束，營業時間明顯配合牛肉的屠宰與鮮度而運行。

據說，當時西市場的牛肉攤位前，通常都擺著一大塊牛肉，彷彿活招牌，顧客上門後，老闆以刀刮下一塊肉，片成十幾塊薄片，再用熱湯汆燙至五、六分熟，上桌的牛肉湯呈現帶血的微粉色，卻絲毫不羶腥，配上加了薑絲的醬油膏，入口滑嫩鮮美。牛肉湯以外，通常攤上還會販賣牛雜與牛腩，以及用紅糟裹粉熬成的牛肉羹，是府城比較特別的吃法，現在幾乎已不見這道料理。[48]

據說臺南市區最早的牛肉舖在西市場，因而衍生出牛肉湯的吃法。（鄭道聰提供）

牛隻在農業社會占有極其重要的地位，自清代便設有牛墟作為牛隻交易買賣的場所。（黃文博提供）

牛肉湯，從原本零星幾家到遍地繁花

　　而牛肉湯在臺南普遍與風行，應該是近 2、30 年的事，還成為臺南另一個早餐的代表，甚至讓人將牛肉湯與臺南做了連結。其實，牛肉湯不算是傳統飲食，後來作為早餐，應該與臺南人習慣了早餐吃好吃飽有關，牛肉湯的營養價值高，適足以儲備一天的元氣，另外，或許也與社會食牛風氣漸盛、畜產養殖與供應，以及善化牛墟的轉型有關。

　　自清代開始，臺灣各地有專門交易牛隻的市集，包括臺南的善化牛墟、鹽水牛墟都是昔日頗具規模的牛隻交易場所，彼此錯開墟市日期，便於牛販與農民趕墟，善化牛墟每逢尾數 2、5、8 開市，鹽水牛墟逢 1、4、7 開市。牛墟除了牛隻買賣，還販售牛鈴、牛軛、牛繩等相關配件與農具，墟市裡也設有吃食攤位，十分熱鬧，儘管隨著農業機械化以及牛隻數量遞減，牛墟功能日漸衰微，後來又因口蹄疫爆發期間，政府為防疫禁止牛墟買賣牛隻，牛墟轉而成為普通的集市，不過因為善化另外設有合格的肉品屠宰場，有著全臺灣最快速專業的分切處理，並以專車或計程車送到店家，因此成為後來臺南牛肉湯的重要推手。

善化牛墟後來轉型為市集，因為產地與屠宰之故，墟市裡自早也販賣牛肉湯。

在 1990 年代中期後，隨著「臺南牛肉節」、「清燙牛肉節」的舉辦，以及媒體、網路宣傳加持下，牛肉湯展現無比的魅力，成為臺南早餐的後起之秀。

牛肉湯的作法其實是簡單的，完全體現樸實且最鮮美的一面。每天凌晨，善化屠宰場第一批牛處理完後就直送市區，新鮮現宰絕對是冷凍的進口牛肉完全無法比擬。許多店家不但有固定配送的肉販，也依每天的進貨量與市場供應的情形而販售，訂定營業時間。搶鮮的溫體牛，還得配合牛肉的部位、刀工與湯頭才能成就完美的口感。厲害的師傅會根據肉的部位片出適合汆燙的厚薄度，尤其當內行的饕客指定特別部位，便是師傅施展功力的時候。

而湯頭更是靈魂，從傳統牛大骨、牛雜，或下重本的再加牛腩、牛筋熬煮，跟著添加中藥材或以不同蔬果、甘蔗提味，甚至混入業者口中所謂的獨門秘方，湯頭調配隨著各家而異，散發的香氣與湯色也

因著相關活動的推展，以及媒體、網路宣傳下，牛肉湯漸漸成為臺南早餐的後起之秀。

略有別，但食材間的交融與不搶牛肉的味道是必要的。不變的還有攤上老闆熟練的動作，以俐落的刀法將生牛肉片薄，取好斤兩放入碗中，再澆上滾燙的熱湯，在熱湯沖下的頃刻，也造就了百家爭鳴的滋味。上桌後，還得趁熱，在牛肉半生熟還帶著微粉色時，蘸點薑絲油膏或特製的豆瓣醬入口，感受肉質的彈嫩，再喝上一口湯，細細體會它的馥郁鮮香。

府城人喝牛肉湯時是極其細膩的，懂得品嘗的老饕，第一口淺嘗的是店家精心熬煮的高湯滋味，跟著，新鮮的肉汁精華逐漸釋放，融入湯中，嘗的是牛肉湯鮮甜原味，到最後一口，牛肉已完全熟成，湯色由清澈轉為褐色，再品嘗回甘後韻與細細咀嚼那股意猶未盡。

過去想喝新鮮的牛肉湯得起早，現在應著送貨時間，一天裡有好幾個時段可品嘗到最鮮甜的牛肉料理。

　　府城賣牛肉湯，多半會附上一碗白飯，講究點的店家還會豪爽的升級成肉燥飯，這也是臺南人自豪、外地人朝思暮想的一道美食。府城的肉燥飯多為豬肉燥，但販售牛肉湯的攤子常以牛肉熬製，一樣取肥瘦交雜的肉剁碎成丁，加入醬油、冰糖、甘草等熬滷成晶亮褐色，帶著豐厚膠質的肉燥飯，配上牛肉湯，這樣的早晨，絕對讓味、胃與靈魂一併甦醒。

　　如果覺得一飯一湯太過單調，許多店也賣隱藏版料理，通常是以牛肉為基底快炒的佳餚，只是有時不在菜單上，得自己吩咐老闆或點菜。

臺南人喝牛肉湯細膩講究,肉品可依不同部位做選擇。

牛肉湯，延續一日精彩的料理

　　如果問臺南人哪一家牛肉湯最好喝，那絕對是爭論不休且沒個答案！不過，有點是肯定的，就是絕對的「鮮」與到位處理湯頭後蘊藏的絕妙滋味。

　　近年，隨著牛肉湯愈來愈盛行，許多店家因應善化屠宰場每日4個時段的屠宰時間，牛肉湯也出現在午餐、晚餐與宵夜，一樣配合溫體牛肉送達的時間搶鮮上桌。牛肉湯從原本臺南人的早餐，成為延續一整天的精彩料理。

臺南的牛肉湯肉質口味各有千秋，且各有擁護者。

許多店家也販賣、甚至貼心的附上肉燥飯，搭配牛肉湯，就是簡單卻完美的一餐。

一飯一湯之外，愈來愈多牛肉湯業者，也賣牛肉相關的熱炒。

02

山海之味

白堊地裡的餐桌 左鎮月食祭

　　靜默的左鎮，地無三里平，這片白堊土覆蓋之地，貧瘠多山，地廣人稀，然而，如果你以為白堊地裡什麼都沒有，那可就錯了。2020年，左鎮公舘社區[49]一群年輕人首度在這裡自發性的舉辦「月食祭—堊地鄉村晚宴」，依著時令，從白堊地山林取材，結合當地耆老的智慧，一席大地餐桌，是相當特別的風土飲食文化體驗，也打開外界對左鎮飲食的想像。

　　微風徐徐的中秋夜，白堊地月光下的月食祭，點亮左鎮的黑夜，很有氛圍的揭開漂亮的序幕。「一開始是社區透過勞動部的培力計畫，[50]吸引了一群年輕人返鄉，當時想在月世界，要月橋或小玉山辦一場晚宴。」公舘社區發展協會理事長陳柳足提起活動的始末，要從社區發

2020 年的月食祭，在左鎮堊地的月光下展開，法式餐會點亮夜色，氛圍迷人。（陳柳足提供）

公舘社區的居民，到現在仍不定期做草仔粿，也是社區販售的點心。（陳柳足提供）

展協會最初的調查開始，當時已經關注到當地融合西拉雅文化與在地農民的常民飲食。後來成功大學人文社會科學中心執行計畫，帶領學生到公舘社區進行課程活動，要請社區幫忙製備餐食，「當時，第一個想到的，就是當地居民從小吃到大的草仔粿。」

草仔粿，是閩南、客家族群常見的節日粿食，也是平埔族人祭祖靈時的祭品，清代巡臺御史黃叔璥的《臺海使槎錄》〈番俗六考〉中，紀錄平埔族飲食時就提到「酒飯各二種。飯不拘秔、糯，炊而食之；或將糯米蒸熟，舂為餅餌，名都都。」[51] 文中的「都都」就類似今日的草仔粿。數百年流轉，到現在草仔粿仍是左鎮居民常見的食物。

公舘的草仔粿以鼠麴草為基底揉出草綠色粿粞（kué-tshè），包入當地居民容易取得的食材，如自製的蘿蔔乾、筍乾，以及將當季的樹

豆煮熟搗碎,以薑絲炒香成的鹹餡料,[52] 就這樣委由社區阿嬤製作容易攜帶的蘿蔔與竹筍口味的草仔粿,提供給成大師生。後來社區也端出平日裡會吃的花生鹹粿,以花生與在來米一起磨漿製作的花生鹹粿,看似平實無華卻內蘊十足香氣,就像這裡的婆婆媽媽們,樸實的外表下懷有一身的好手藝,讓原本自家的餐食能端上檯面供應民眾,也讓社區居民多了點收入,找到被認同的感覺。

靠山吃山,靠海吃海,靠著白堊地不吃土

之後,公舘社區更著力於推動地方飲食,「因為旅遊需要餐點!」希望結合白堊地飲食推展旅遊,藉此也讓更多人認識當地的文化,於是,更深入的理解與思考,從大地到餐桌的關係。「其實左鎮很有很

無論閩南、客家以至平埔族群,都有食用草仔粿的習慣,也作為祭祀時的供品。(陳柳足提供)

左鎮盛產的葛鬱金，是大自然給當地人的禮物。

多物產，只是產量都不大，無法達到規模或形成聲量。」陳柳足說剛開始自己也跟外界一樣的想法，認為白堊土的左鎮什麼都沒有，到後來才慢慢打破迷失。

　　除了一般人熟知的芒果、破布子、竹筍、山藥、香蕉等作物外，還有隱藏在地下的刺薯、葛鬱金；而受到天然白堊地形的影響，全區地勢高低起伏，斷崖溝壑，可耕地少且破碎，在耕種侷限的情況下，居民更是很早就懂得善用畸零地放養牛羊，農戶也畜養家禽貼補家用，在附近還未被劃設為水質水源保護區之前，也曾一度發展畜牧；而過去取水不便，為灌溉而修築的大大小小池塘，也是飼養吳郭魚、虱目魚、草魚最好的地方，「只是大家都忽略或淡忘了！」找出那些可食記憶，要讓大家知道的是，即使是荒野白堊地，仍有多樣豐富的產業。

公館社區連續舉辦幾年的「月食祭」，以不同主題將偏鄉地區的飲食推了出去，也讓居民找回對飲食技藝與記憶。

從白堊地到餐桌，多元族群飲食文化的華麗呈現

就這樣，「白堊地餐桌」，宛如一場農食復振般展開。2020 年起，公舘社區發起食物主題的系列活動「月食祭」，除了社區與培力團隊的年輕人外，再透過學術單位 USR（大學社會責任）計畫引進資源，結合成大堊地學生行動組織（NCKU BEST），集思發想，每個人發揮各自的強項，用地方物產與食材，經過多次的試煮，端出了融合在地元素、令人耳目一新的料理。

幾年下來，陸續推出鹹飯、薑黃炊飯、香柚莎莎葛鬱金冷麵、嫩烤土雞腿佐樹葡萄紅酒醬、麻筍蔬菜凍佐香橙醬汁、臺灣鯛佐筍醬麻油醬汁、椴木香菇濃湯，以及薑黃餅乾、葛鬱金雪花糯、月桃氣泡飲、萬壽菊茶、等餐點與點心飲品。以白堊地生長的麻竹筍、破布子、葛鬱金、月桃、紅薑黃，以及居民自己栽種的萬壽菊、樹葡萄，放養的跑山雞，池塘裡養殖的吳郭魚、虱目魚入菜，也將過去西拉雅族以鹿

的內臟取出後醃漬於陶甕中製成「膏蚌鮭」[53]，以及百草膏[54] 等飲食習慣，以現代的料理手法轉譯或示意，做成膏蚌鮭肝肉抹醬與野菜青醬[55]；將鹿的主要食物、同時平埔族人也會食用的構樹葉子（鹿仔樹葉）油炸後灑椒鹽做成構葉鹽酥脆片。

融合了西拉雅族與漢人食材，運用西方餐飲的烹調方式，象徵文化的交融，也突顯左鎮多元族群融合的特色。

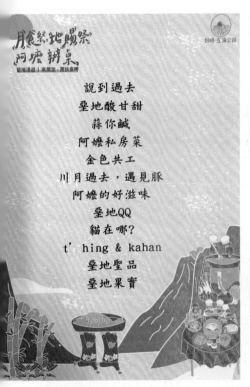

2023 年月食祭地賜祭，從土地出發，透過阿嬤的手藝料理辦桌。

取自西拉雅過去常民飲食元素，以現代料理手法，發想出的三道原住民風味小食。（陳柳足提供）

利用當地常用的食材葛鬱金，製作莎莎葛鬱金冷麵與甜點雪花糯。（陳柳足提供）

回歸地方，阿嬤走出來，不被遺忘

　　月食祭得來不易，不能中斷，偏鄉要請師傅來做絕對划不來，我們希望在地也能做得出來！

　　連續辦了 4 年的左鎮「月食祭」，將偏鄉地區的飲食推了出去，也讓居民找回飲食技藝與記憶。然而，過去幾年的料理都由培力團隊或專業師傅烹調，為了讓餐飲更貼近當地的生活樣貌，同時考量到永續推展，最終仍得回歸社區，由在地動起來，透過社區居民的力量，才能讓活動延續。

　　2023 年的月食祭，社區居民積極的建構回憶與討論，過去年代吃什麼，要出什麼菜，怎麼煮……，群策群力的發想菜單與烹調方式，活動當天社區阿嬤齊集備菜、洗切菜，再由廚房阿嬤烹煮上菜。

岡林、二寮、草山地區還留有傳統大灶，居民平日用來多用來炊粿。

鹹飯、筍醬魚乾、涼拌竹筍過貓、蒜香鹹豬肉、南瓜米粉、五柳居（羹）、番薯籤飯、季節野菜、薑黃雞湯，餐後甜點有刺薯芋頭甜湯，前菜則是地方居民平日常用來佐飯的醃脆筍與破布子，加上葛鬱金飲品。山林大地依舊是糧倉，池塘就是漁獲冰箱，社區阿嬤們不只端出私房料理，甚至克服緊張的情緒，上場說菜，分享他們的飲食經驗與生命故事。

當天以戶外的傳統大灶炊煮鹹飯、炒米粉。

跳脫過去幾年以精緻華麗的西式餐桌，轉由阿嬤擔任廚師來辦桌，意外的收到許多正面的回饋，「那麼精緻的餐桌，偏鄉居民根本沒幾個能做得出來」、「就是要這樣，才是最真實的在地生活！」就地取材、依著時令的飲食是生活日常，社區阿嬤們以最單純傳統的料理方式，呈現這片土地深刻的味道。

交織了人與土地、人與人之間的共同記憶與情感，期待這股累積的能量能逐漸醞釀發酵，延續白堊地新的生命力。

這絕非只是一張餐桌的呈現。

生米混合香菇、蝦米、豬肉、高麗菜等食材，以大灶炊煮的鹹飯，是過去當地務農者下田或工作時常吃的餐食，集合眾人之力湊出食材，所以又稱「共工飯」。

竹筒鹹飯、番薯籤飯、南瓜米粉，2023 年月食祭復刻當地早年當地飲食，菜色以飽食的主食居多。

日治時期豬肉採配給制，當地將難得配給到的豬肉醃成鹹豬肉，等到拜拜或家裡有喜慶才吃。蒜香鹹豬肉，是豐美的飲食記憶。

早期米貴，番薯籤也得充分利用，番薯煮湯，可當配菜。

早年物質生活匱乏，以煮番薯留下的泔（ám，米湯）來澆飯，再配上醃漬的破布子，就是一餐。

堊地漁獲不豐，但在宴客時仍會端出以各種配菜與粉薯粉勾芡的鮮魚（五柳居），是奢華的大菜。

當地人稱為筍醬為豆醬，豆醬魚脯仔是非常經典的古早味。

淺山地區盛產的竹筍，也是在地重要的飲食元素。

由地方婆婆媽媽辦桌，不但與社區更緊密連結，也讓地方動起來，是最好的地方創生。

圓桌竹凳，跳脫華麗精緻的餐桌與陳設，阿嬤辦桌希望貼近左鎮常民日常生活樣貌。

賢美阿嬤上場說菜，分享她的兒時的飲食記憶與生命故事。

過去幾屆的月食祭端出精緻且頗為「養眼」的料理，2023 年改以阿嬤辦桌的方式，讓地方婆婆媽媽們大展廚藝

吉貝耍的食尚 原味

　　走進東山 Kabuasua（吉貝耍）部落學堂，迎賓款待的，是一杯剛煮好的木棉花茶，「平埔族群有很多部落，就只有我們叫『木棉花部落』，所以衍生出許多與其他部落不同的文化，包括飲食，全臺灣也只有吉貝耍有在喝木棉花茶。」吉貝耍文史工作室負責人段洪坤（Alak Akatung）說，[56] 這是當地西拉雅族老祖先流傳下來的生活知識，木棉花經日曬、吊起來風乾後，直接熬煮到出味，撈出花朵，再加黑糖，就是吉貝耍族人從小喝到大的木棉花茶，逢夏季若中暑還可清熱解暑。

吉貝耍當地西拉雅族人過去刻意掩飾自己的族群身分，如今透過西拉雅部落學堂建構歷史並推展族群文化。

吉貝耍族人多數信奉祖靈阿立母，大公廨是部落的信仰中心。

不只如此，木棉花瓣可以入菜，當蒴果還青綠色時，甜甜的內囊可以咀嚼，就連木棉花成熟，取出棉花後，內囊還能用來包熱飯，以繩子綁緊，就是過去族人上山打獵或外出時的便當，當地耆老說，以木棉花包的飯嘗起來味道還是甜的！

Kabua sua 是西拉雅族語「斑芝花」（木棉花）之意，因遍植木棉，而有吉貝耍之名。這裡是原住民西拉雅族人居住的地方，儘管數百年來受到族群遷徙的影響與其他族群的頻密互動，以及原漢通婚下婚姻關係帶進來不同的文化，相互交融的內蘊與調整，而迸發出新的合成文化，然而，這裡仍保留了完整的祖靈信仰，在公廨（Kuwa）與祭儀裡呈現，聚落裡也可見西拉雅族人留下來的生活型態與飲食元素。

Kabuasua 是西拉雅族語木棉花的意思，社區也以木棉花當意象。

吉貝耍世代傳承許多與木棉花相關的生活知識，花瓣可以煮茶做茶凍，花蕊可以入菜，令人驚奇。

西拉雅族吃什麼？

　　明清時期的舊志文獻，包括《東番記》、《番俗六考》、《諸羅縣志》中，對早昔西拉雅族的飲食都有相關紀錄，如喜好醃製品與生食，尤其喜歡生吃動物的內臟，當時臺灣的野鹿很多，鹿肉是西拉雅族人主要的肉食來源，西拉雅人捕捉到鹿以後，通常會立刻宰殺，與族人飲酒共同享用生肉，並將動物的內臟取出來醃漬在陶甕中，稱為「膏蚌鮭」，[57] 尤其喜歡生吃鹿腸中還未消化完、即將成糞便卻還未成糞便的草料，這種被稱作「百草膏」，[58] 在漢人眼裡看來會令人作嘔的食物，卻是西拉雅族人眼中的佳餚，且百吃不厭。

　　「原住民的飲食就是現成可吃，未必像漢人的習慣需要經過火烹調。如獵到山羌，殺了心臟剖開就可沾醬現吃……。」從原本的喜吃生食，到後來因為受到其他文化交融的影響，在食物的處理上也產生轉變。「不過，醃漬食物一直是被保留下來的飲食文化。」過去，許多原住民族喜歡將生的食物醃漬，以延長保存，西拉雅族同樣有這樣的習慣，將整條魚連同魚鱗、內臟等以鹽醃漬，藏於甕中，之後生食。至今，醃漬物仍為西拉雅人所喜愛，段洪坤說，這些口味都是自小養成，是來自家庭也是族人世代留下的飲食習慣。

獨特風味的「蝦 Kê」，背後隱藏一段遷移史

　　吉貝耍部落族人會以鹽巴醃漬肉類與葉菜，也同漢人一般醃蘿蔔，完全只用鹽巴醃漬，口味偏酸（與漢人醃漬蘿蔔的口味偏甜與辛辣不太相同），醃好的蘿蔔也會刨絲曬乾成「菜頭米仔」，是吉貝耍人最喜愛的醃漬物之一。他們更自製補抓小魚小蝦的工具，「抓到的魚蝦就以鹽醃漬成「kê」（「蝦 kê」或「魚 kê」）。」[59] 直接將活的魚蝦以鹽醃漬後密封，待發酵後成為「kê」，許多野溪圳溝裡抓來的蛤蜊、小螃蟹同樣如法炮製，製作方法簡易又能令食物長期保存，是部落族

抓到的小魚小蝦以鹽醃漬成 Kê，是長期以來部落族人重要的食物。

段洪坤說，怕 Kê 味道太濃，後來稍稍改良，加了薑片去腥味。

人慣用的食物處理方式。生漬的蝦kê、魚kê（蝦醬、魚醬），味道濃郁，一般人或許難以接受，甚至退避三舍，但卻是吉貝耍族人飲食中的重要配菜，令族人垂涎的美味。

而單純以鹽醃漬的「kê」，早期也常見於濱海地區，如台江或內海產鹽之地，利用鹽漬方式是普遍的食物保存方式，當年吉貝耍的祖先從濱海的蕭壠社遷移落腳到山陬，也將原本海濱醃漬海產的飲食習慣帶到移居地。

飲食，不僅是填飽肚子，也是長久歷史的堆疊，是探索一個族群最直接的方式，食物的背後，往往有著厚實的文化底蘊，也隱藏著風土身世。

從以為一樣到發現不一樣

就這樣，為了建構自己族群的歷史，吉貝耍部落學堂嘗試從社會禮儀、紋身衣飾、語言與飲食等多面向進行，透過有限的文獻資料與田野訪談，才發覺原來部落裡還有 2、3 百年前留下來的許多元素，也慢慢建構出飲食文化。

「傳統西拉雅族人的飯是用蒸的，而不是用煮的。」米飯是西拉

雅人的主食,將米放在炊桶中蒸熟的「mai」,是吉貝耍部落最具代表性的傳統米食,吃的時候可以加糖,或放入芋頭或番薯。另一種米食「Dubi」,則是以香蕉葉包裹麻糬,過去是西拉雅族人日常的食物,老一輩的族人大多會做,至今在歲時祭儀,如年節、祭祀祖靈或夜祭時仍是必備的祭品。

西拉雅族人用來蒸米的木甑,放入沸騰的鍋中,利用水蒸氣將米蒸熟。(段洪坤提供)

Mai 是吉貝耍部落的傳統米食,至今仍是祭典中祭祀祖靈十分重要的食物。(段洪坤提供)

將糯米糰均勻搓揉再以香蕉葉包覆後,放進蒸籠裡蒸熟,就是當地特色的米食 dubi。(段洪坤提供)

還有西拉雅人生活中不可或缺的酒，也有自己專屬的釀酒方式，段洪坤說，除了發酵時間長短會影響風味外，每個原住民部落製作酒麴（白殼）所用的藥草、配方都不一樣，釀出來的酒辛辣程度與甜味也都不同，「好比西拉雅與大武壠釀酒都會用過山香。」[60] 澤蘭、過山香、雞冠花、圓仔花、黃藤、五節芒都是吉貝耍重要的民族植物，不但見於重要慶典，也廣用於生活以及飲食，那是來自自然場域給的「禮物」，幾百年來在當地先民就地取材與操作下，呈現出的大地風格，「過去以為西拉雅族各社都一樣，後來才發現不一樣！」

大地糧倉，俯拾皆食材

「整片土地就是糧倉，一定有東西吃！」身為這片土地最早的主人，原住民長期與自然生態緊密依存，更懂得善用大地資源，從中尋找食材，段洪坤說，特別是植物，從根、莖、葉、花到果實，學會取得與食用的技巧，驚喜將會接連不斷。

根莖類的番薯、芋頭原本就是原住民共通的主食，除了煮熟了直接吃，小芋頭蒸熟後沾蒜蓉醬，或將芋莖以鹽、薑爆炒，閩南人口中的「芋橫」，是原住民本來就有的食物，只是調味上受到漢人影響；野菜更是部落不可缺的美味，吉貝耍常食用的野菜包括刺莧、蔦莧、紅莧、黑點仔（光果龍葵）、狗尿菜（小葉灰藋）、豬母乳（馬齒莧）、過貓（過溝菜蕨）、落葵（皇宮菜）、山茼蒿（昭和草）、雞屎藤、水薤草、水金鳳、鬼針草（咸豐草）、水芋仔、牛母煨等，還有雨後大地賜予的雷公屁與各種蕈菇，是最原始的鮮味。果實除了肉豆、荷蘭豆、膨風豆外，也有野生的埔姜豆、米豆，或炒或煮的成為餐桌佳餚，還有許多野生植物的果實，如構樹（鹿仔樹）、懸鉤子（刺波）、毛西番蓮（野百香果）、小桑葉（桑樹）的果實，都是部落小孩過去嘴饞時的零嘴，[61] 這些不但是吉貝耍人共同的飲食記憶，甚至成為部落創生重要的食材。

黃皮的果子也好吃，走進吉貝耍部落彷彿
走入自然糧倉，隨處都有可食的驚喜。

當地人稱呼為「雷利」、「羅李」的南美假櫻
桃，汁多味甜，是吉貝耍老人家小時候的零
食。

簡單中的不簡單，「原味」也能很食尚

運用部落裡的特色食材，近幾年，吉貝耍部落學堂復振族人的飲食，同時採借了現代的烹調方式，呈現出當地西拉雅族飲食在現今社會的多樣風貌，也轉化出部落創意料理，包括以青香蕉煮成香蕉咖哩雞或香蕉咖哩肉片；早期原住民部落會拿土芒果入菜，吉貝耍族人也常將土芒果去澀後與魚片混煮或煎；至於部落常見的蝸牛，一樣是很好的食材，部落學堂的怡君說，田裡撿回來的蝸牛還要養一週，餵養青菜排毒後才能吃，清理蝸牛的黏液雖然十分麻煩，但部落婆婆媽媽們會使出各自的招數，以灰燼、醋、鹽或啤酒（成本較高）洗蝸牛，得讓黏液去除乾淨，才能使蝸牛脆口。處理好的蝸牛或以九層塔、蒜、辣椒爆炒，或放入整把的山柚嫩葉或酸筍入鍋同煮成蝸牛湯（酸筍蝸牛湯），後來更創新吃法，將蝸牛剁碎，加入奶油起司做成焗烤蝸牛香菇盅、蝸牛南瓜濃湯等西式料理；而過去西拉雅族人住家周圍普遍種植的檳榔樹，也仿照過去老一輩人煮檳榔雞湯，或將部落裡常見的樹豆（蒲姜豆）拿來炒食或煮排骨湯。

未成熟的青香蕉，煮過後口感像軟嫩的馬鈴薯，與咖哩調和出一番特別的風味。

胡麻野菜蛋皮捲，將吉貝耍族人常食用的過貓或龍鬚菜與水果捲入蛋皮裡，嘗起來清爽順口。

鹹香美味的蝸牛香菇盅，是蝸牛製作的創意料理，吉貝耍部落學堂的廚工們笑説是部落裡的「牛」肉。

樹豆又稱蒲姜豆，是臺灣原住民常見的食物，以樹豆煮排骨湯，據説還能補元氣。

蔥薑蒜爆香後，放入未成熟的土芒果，加糖、醋勾芡，再加魚就可煮成土芒果溜魚片。

香蕉燒咖哩搭配自然農法、無毒栽種的澤蘭米，是部落創新的料理。

　　飲食中重要的元素「蝦 Kê」，混搭酸筍與蔥，再加入糖、鹽、胡椒調味爆炒，就是在地山海風味的佐醬，可搭配麵包或佐餐。當然，也少不了當地以自然農法栽種的澤蘭米，將澤蘭米加入米酒頭，以整根蒜苗沾鹽配著米飯吃，一口蒜苗一口飯，蒜苗的辛辣被鹽巧妙平衡，味道香甜，是當地老一輩流傳下來的傳統吃法，再加上木棉花製作出來的飲品與果凍，每一道都是能夠連結部落記憶的美食，也是難忘的舌尖滋味。

往前走當然好，但別忘了自己的土地自己的根

　　「復振好久，才慢慢建構出吉貝耍西拉雅族人的飲食文化，但這只是一小部分，還需要努力！」飲食文化一直存在著變數，尤其部落飲食在不同文化的交融與碰撞下，斷裂的總是比傳續還多，然而，在吉貝耍部落，這一桌的大地風味，或許是將遺落許久的西拉雅族人文化，緩緩喚回來當代餐桌的見證！

從小在吉貝耍長大的段洪坤，致力復振並推動西拉雅文化。（段洪坤提供）

鹽地氣息 · 濱海之味

深刻的飲食記憶，三頓攏番籤

　　早年濱海地區貧瘠，飲食不富裕，以番薯為常日主食是許多年長者共同的記憶，事實上，這也是臺灣農業時代飲食生活的普遍寫照，除了富有人家、病人或特殊場合以及逢喜慶與祭祀才見米飯，[62] 一般很少食用白米，因此也才有將病人稱為「食米仔貨」的說法。

　　當時早餐普遍吃粥，多以醃漬物如花生、豆腐，或水煮青菜等為配菜，中餐與晚餐才有米飯與簡單幾道配菜，仍以蔬菜或容易取得的時令海鮮或加工的魚脯、乾蝦等居多，肉類只做為炒菜時附加。為了節省米的用量，最常見就是將米與便宜的番薯混合，煮成番薯粥或番薯飯，米與番薯的比例依各家庭經濟狀況而異，通常番薯比米還多是

早年連要用來曬乾的番薯，都還是次品，曬乾的番薯籤，不帶甜味，還略有長期儲存的一股霉味。

番薯刨成籤後曬乾摻在米飯裡，番薯籤飯不僅是台江人過去的主食，也是早年農家普遍的飲食記憶。

普遍現象，有些貧窮人家甚至連米粒混番薯都吃不起，三餐主食常只有番薯或番薯籤。

　　番薯是過去常見的作物，因為耐旱又耐鹽鹼，且繁衍迅速，隨意一方農地一畝園都能生長，濱海地區旱田多，因此廣被種植，也成為主要的糧食來源。大量收成的番薯「礤籤」（tshuah-tshiam，刨絲）再經曝曬後，農戶將曬乾的番薯籤以大布袋裝藏，便可耐長期儲存，在糧食不足的年代，番薯籤替代白米餵養許多老百姓，如連雅堂在《臺灣通史》中所述：「地瓜之種，來自呂宋，故名番藷。沙坡瘠土，均可播植，其價甚賤，而食之易飽。春夏之間，番藷盛出，掇為細絲，長約寸餘，曝日乾之，謂之藷纖，以為不時之需。而澎湖則長年食此，可謂饋貧之糧也。藷之為物，可以生食，可以磨粉，可以釀酒，可以

117

蒸糕。」[63] 番薯價格便宜，又具飽足感，所以不但是貧窮人家的日常主食，曬乾製成番薯籤，在天災或饑荒時也是救災食糧，重要性甚至勝過新鮮番薯。

對沿海拓墾社會的居民而言，「三頓攏番（薯）籤」是當地人最深刻的飲食記憶。「番薯通常是自己種的，生吃或曬乾都有，早年生活不好所以天天吃，吃到都會怕。」收成的番薯大顆或好的都拿去賣，留下次等或小的刨絲曬乾儲存，許多老一輩幾乎從小吃番薯籤長大。曝曬後的番薯籤水分盡失，不僅營養價值低，且不帶甜味，口感也差，然而為了生存飽腹卻不得不吃，就連日曬過程中因乾燥不完全而導致發霉的番薯籤也會食用，情況近似日治末期太平洋戰爭爆發時，因糧食短缺，總督府向民間徵收番薯籤存放倉庫，經過日曬雨淋，發出臭香味，戰後，生計一時間還未恢復，連牲畜也不吃的番薯籤，生著臭蟲，味道惡劣，居民卻為了求生存而不得不囫圇吞食，「倉庫籤」也成為勾動許多台江耆老臉上驚恐表情的通關密語。[64]

長年的以番薯籤為主食，成了許多年長者懷念又恐懼的記憶，對照現在番薯籤價格比米高昂，還成為健康養身者一窩蜂追求的食材，不免令耆老覺得時空的變遷下竟是如此反差。

從一尾虱目魚說起

虱目魚也是西濱沿海十分重要的物產，臺灣虱目魚養殖歷史已久，尤其學甲、北門、七股更是虱目魚養殖的重鎮，無論養殖面積、產量與產值皆居全國之冠，臺南也因此有「虱目魚故鄉」之稱。而數百年的養殖背景，蘊蓄出臺南人對虱目魚的極度認識，以及精巧的一套處理手法與細膩的食魚品味。

虱目魚與臺南的淵源極早且深，在清康熙 56 年（1717）《諸羅縣志》中就記載：「麻虱目：魚塭中所產，夏秋盛出。狀類鯔，鱗細。

鄭氏時，臺以為貴品。」[65] 麻虱目指的就是虱目魚，相傳荷蘭時期由印尼引進臺灣養殖，鄭氏時期不但鄭成功、鄭經倆父子都喜愛這股美味，[66] 而讓虱目魚有「皇帝魚」的名稱並衍生相關傳說，最為大家所熟知的，便是傳說國姓爺鄭成功初抵安平，見漁民獻上的魚即詢問：「啥物魚（什麼魚）？」漁民誤以為國姓爺說的是魚名，訛傳之下而有了「虱目魚」之名。後來鄭軍在安平、四草一帶闢築魚塭養殖虱目魚以佐軍食，解決軍隊無魚可吃的難題，使得虱目魚有「國姓魚」的別稱。而歷來虱目魚之名更有許多饒富意趣的版本，有說是源自西班牙語 sábalo 的譯音；另外，連橫在《臺灣通史》裡提到：「臺南沿海素以畜魚為業，其魚為麻薩末，番語也。」[67] 也有依此說，認為麻薩末應是虱目魚的原名，是西拉雅語「眼睛」之意。[68]

虱目魚為臺南市的代表性魚種之一，養殖面積、產量及產值皆為全國第一。（鹿耳門天后宮提供）

陽光與海風交織的鮮鹹滋味，是臺南沿海地區日常生活的氣息。（黃文博提供）

　　臺南更因地利之便與產地優勢，虱目魚逐漸成了家魚，也是最能代表臺南飲食文化特色的食材。如清乾隆時期來臺的學官朱仕玠便曾作〈瀛涯漁唱〉：「鳴螿幾日弔秋菰，出網鮮鱗腹正腴；頓頓飽餐麻虱目，臺人不羨四腮鱸」[69] 詩中提到秋季正是虱目魚肥美的時候，在臺灣餐餐都可嘗到虱目魚的美味，哪還會羨慕中國知名的松江鱸魚！可見虱目魚在當時已經融入南部人的生活，有著不可被取代的地位。

　　臺南一帶的虱目魚養殖在清朝就已十分盛行，1694 年高拱乾所纂《臺灣府志》〈規制志〉中便記載：「草埔五塭在安定里。夏秋產麻虱目魚。」[70] 臺南西海岸自古為漁鹽之鄉，虱目魚在長達近 4 百年的歲月，也成為規模最大的養殖漁業。虱目魚營養價值高，味道鮮美，一直以來既是沿海漁民仰賴的生計來源，後來更成了餐桌上常見的佳餚。虱目魚除了常見的煎、鹹焿（kiâmtshìng）[71]、煮湯外，早年在盛產的季節，[72] 沿海的居民會將捕撈的虱目魚與番薯籤或米一起煮成虱目魚粥，

不但是家庭料理，也是當地人在魚塭工作時，魚塭主人最常提供的餐點。而沿海地帶常見的西瓜綿，也常拿來與虱目魚同煮成西瓜綿魚湯，或虱目魚燴醃瓜，都是屬於濱海地區的家鄉味。

虱目魚除了鮮吃，將魚肚或整尾生魚以鹽醃浸，再吊掛風乾，製成虱目魚一夜干，或以鹽一層一層堆疊醃漬成味道極鹹的踏脯（tah-póo），就可保存，要吃時洗掉多餘的鹽分再煎，也是濱海的特色吃食。[73]

「就連死掉的虱目魚也會拿來炒製魚脯，或曬成乾。」台江的耆老蔡雅輝說，過去當地生活普遍困苦，平日要吃到完整、好的魚並不容易，「好的幾乎拿去賣，那是有錢人才吃得起！」而留下來不新鮮的，甚至死掉的魚，也絕不浪費，拿來製成虱目魚脯或魚乾，對貧瘠、物資不充裕的區居民來說，一樣美味。

鹹水塭仔的養殖，從頭到尾的精彩

北門、七股、學甲等沿海虱目魚主要以低密度傳統放養，也就是俗稱淺坪式鹹水塭仔的養殖，虱目魚有了充足的活動空間，肉質更為結實，油脂含量較低且均勻，大量養殖的虱目魚，數百年來一直是南臺灣的家常菜，也深深影響著臺南人的飲食文化，演繹為城市的美食代表，臺南的特色料理。

虱目魚不只是濱海地區居民的日常，更與臺南的飲食畫上等號，成為代表。如今，一碗飽滿豐盛的虱目魚粥，是習慣以熱食滾湯餵養早晨的府城人最標準的早餐！各種產地直送、以虱目魚為主的小吃與料理，如煎魚肚、虱目魚麵線、虱目魚皮湯、清蒸魚頭……，甚至連辦桌菜中的五柳居也有以虱目魚為食材。不只菜色品項，過去府城人吃虱目魚，還依照不同時節品嘗魚的各個部位，「冬吃頭，夏吃尾，春秋吃滑水（魚肚）」，[74] 魚頭可燜熟或滷，吃的時候從 Q 滑的魚頰與眼睛下手，品嘗軟嫩迷人的膠質，再吸吮腦髓汁液與零碎的魚肉，

在物資不豐的年代，虱目魚可說是十分高級的魚，尤其魚肚刺少且富含油脂，更是整條魚的精華。

虱目魚皮富含膠原蛋白，鮮甜Q彈，是最平價的美味。

虱目魚頂部的魚嶺，少刺少油脂，肉質緊實，是很多嗜魚者不會錯過的部位。

看著在口舌之下而出的魚骨頭，絕對有小小的成就感；帶骨的魚尾可熬煮高湯，或劃上幾刀煎到金黃油亮；油脂豐富的魚肚最為精華，無論乾煎、清蒸、煮湯或粥，豐腴黑亮的魚油都令人食指大動；其它還有魚背、魚皮，至於魚腸、魚肝、魚胗等，也只有產地的人與嗜魚的府城人才懂得品嘗，一盤乾煎或汆燙魚腸常被老饕視為珍寶，也見臺南人食魚的講究與細膩。

虱目魚從頭到尾，甚至內臟、魚頰都可入菜，口味豐富多變，虱目魚的產地也發展出專業加工，無論魚丸、魚鬆、香腸或魚罐頭，都是傲人的臺南名產。一尾虱目魚，走出西濱沿海跨入城鎮，從市井小吃到宴席大菜，翻轉了味蕾的精彩，也顯露出臺南人食魚的智慧以及對虱目魚的特殊情懷。

潮進潮退，人文景觀，餐桌風情，百搭的蚵

蚵仔，和虱目魚養殖一樣，都有著十分悠久的歷史。若說虱目魚養殖深深影響了臺南人的生活、生計與飲食，蚵仔對於西濱沿海人的生活同樣影響極鉅，相較虱目魚幾乎可全魚利用，烙下的是舌尖與心裡忘不掉的記憶，蚵仔除了可食之外，食用後剩下的蚵殼燒製成灰，在石灰、水泥還不普及的年代，調合蚵灰、糯米、糖而成的三合土，是最好的黏著劑，廣用於建築城垣、屋舍、橋梁，在歷史上留下跡痕。養蚵產業盛行，也在沿海地區也留下如「蚵寮」、「蚵埕」等地名，見證蚵仔刻進臺南人民的生活，曾與先民如此緊密相依。

蚵仔學名牡蠣，又稱蠔，蚵仔在臺灣的生產極早，如據《諸羅縣志》〈賦役志　餉稅〉記載：「水餉、雜稅之徵，多屬鄭氏竊踞時苛政。而最重者，莫如船港諸稅。夫船出入於港，而罟、罾、縺、䌘、綾、蠔，則取魚蝦、牡蠣於港者也。」[75] 以及《續修臺灣縣志》記載：「罟、罾、縺、䌘、蠔，皆魚稅也。」[76] 從明鄭時期所收的「罟、罾、縺、䌘、蠔」等魚稅來看，當時甚至已達可徵稅的規模。此外，1747 年范咸《重

臺灣西濱沿海，是牡蠣主要的養殖區，常可見蚵棚布滿海域。

對饕客而言，蚵仔的美味不全然取決於品種與大小，還有養殖的時間以及養蚵仔的方式。

修臺灣府志》也記：「捕魚處所，有蠔、潭、港、塭之分。蠔者，指海坪產蠔之處而言；駕小船用鐵鈀於水底取之。」[77] 養蚵的技術數百年前從中國傳進臺灣後，清代至日治時期，臺灣沿海地區居民多利用河口或潮間帶，以插篊式養殖，在日治時期，因技術改進下快速發展，成為除虱目魚以外的第二大養殖產業。[78] 至今蚵仔的養殖主要仍集中於西南沿海，自急水溪口到將軍溪口、曾文溪口的沿岸水域，直到安平，一路的淺海、潟湖與河口都可見養殖場，依著每個區域獨特的生態，以不同的方式養殖，調節蚵在環境間的生長，如七股的浮棚式、站棚式及倒棚式，安平、安南與南區外海的浮棚式養殖，成為臺南沿海人文景觀，無論規模與產量之豐都位居前茅，是當地重要的經濟基礎。

剝蚵，幾乎成了西濱沿海村莊特有的家庭手工，許多老人以剝蚵作為經濟來源。

臺南人會養蚵，更懂得吃蚵，發展出琳瑯滿目的蚵仔吃法，尤其內海孕育的牡蠣肉質細滑飽滿，簡單水煮或清燙便十分鮮甜甘美，傳統的作法還會將蚵仔裹上太白粉或番薯粉，再放上蒜頭、鹽漬後放糖，就是蚵仔酥，[79] 也做蚵捲或炸蚵仔，一般家庭料理則會做蔭豉蚵、煮蚵仔麵線、蚵仔粥，蚵仔湯、或蚵仔炒酸菜、絲瓜蚵仔，尤其以瓜綿或鹹菜等醃漬物搭配煮成西瓜綿蚵仔湯、鹹菜蚵仔湯，不須任何調味，完全是鹽分地區的味道。蚵仔可當主角也可墊於許多料理中成配角，無論煮煎炸炒都十分百搭，煮麵煮粥加入幾枚，既添鮮也讓增加了食物的華麗感。

比較特別的作法就是蚵仔煎與蚵炱（ô-te），[80] 尤其蚵炱，新鮮的蚵仔加上蔥、韭菜、豆芽菜或高麗菜，裹上番薯粉或麵粉漿，下鍋炸

在西南沿海的海水域氣候蘊養下，產地的蚵仔有著別緻的鹹香韻味。

成圓扁狀，再沾醬料食用，酥香脆口的外皮與鮮嫩的內餡，是盛行於沿海地區十分受歡迎的點心，也是許多務農或漁工在工作歇息時止餓、補充體力的食物，而從北門、將軍、七股到安平如金更有不少販賣者，成為臺南的特色小吃，各攤家以當地採收的鮮蚵，再配上獨家調味與自製麵糊而各具特色，[81] 吸引顧客前來，甚至成為地方名店，如將軍的「秀里蚵嗲」以及北門的「秀碧蚵嗲」[82] 都遠近馳名。

醃漬，時光轉化的味道，無可取代的手藝

因為環境的困頓以及鹽產豐富，沿海地區普遍利用鹽漬的方式來保存食物。由於鹽具有防腐的功能，人類在很早以前便懂得在食物中加大量的鹽，來防止防止微生物繁殖，避免食物腐敗，鹽漬是非常古老的食品保存技術。

黑豆豉煮鮮蚵，蔭豉蚵是常見的蚵仔料理，鹹香下飯。

臺南西濱地區的蚵仔麵線多以乾式料理，蚵仔搭配麵線及油蔥，簡單食材吃得出蚵的鮮味。

位在將軍青鯤鯓巷弄內的秀里蚵嗲，是人氣排隊美食，尤其一到假日，店主的油鍋與雙手幾乎未停息過。

外表酥脆，內餡飽滿的蚵炱，配上蔬菜，更加爽口鮮甜。

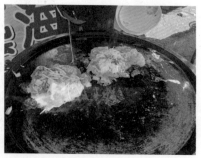

源自閩南的蚵仔煎，如今已是臺灣最著名的風味小吃，到處可見。

　　沿海地帶受限於氣候與環境，日照時間長、降雨量少且海風強勁，加上土壤鹽分高，不利於蔬菜的栽種，尤其葉菜種類明顯較少，以瓜豆類與深藏於土裡的根莖類蔬菜居多，也由於缺乏新鮮蔬菜，所以日常需仰賴菜乾或醃漬菜彌補餐桌上蔬菜的不足，如以芥菜製成鹹菜乾、白蘿蔔製成菜脯，以及高麗菜乾等；將蔬菜切半或條，以鹽搓揉後放到太陽下曬，之後再連同豆醬或豆麴一起放到甕中醃製成醬菜；另外，也有以鹽醃漬的各種醃菜，「以前醃的菜有季節性，有什麼就醃什麼。」不只餐桌四時有序，自有節奏，醃漬菜也隨著節氣運行而走，以當季盛產為主，剩下來的蔬菜，或簡單靠著鹽巴就進了瓶瓶罐罐醃漬封存，或融入各家的調味手法與配方，變化口味，這也是醃漬的迷人，來自手感與製作當下溫度、濕度的差異，在時間的沉浸下轉化出不同的韻味。

台江地區先民為克服環境所造成的糧食不足，常將豆類與瓜類蔬菜如澎風豆、越瓜等常醃漬保存。

醃漬的瓜果蔬菜，常用來與當地的海鮮配搭。

　　西瓜綿與醃瓜（am-kue，或稱醃鹹瓜、醃瓜仔脯）是沿海地區最
具代表性的產物，取盛產的西瓜幼果（通常是疏果 [83] 後留下小西瓜）
或越瓜的生果，也有以西瓜皮白肉部分製作，由此也可看出沿海居民
簡樸生活下的節儉與惜食態度。瓜果經洗、切處理後，加鹽醃漬密封
儲存，使其發酵，經發酵後的瓜果產生乳酸菌，風味酸香宜人，入口
回甘，就是最好的配菜，「瓜仔綿、醃瓜也可以加蒜頭、醬油、糖直
接炒。」為延長保存在醃漬時加了大量的鹽，所以炒的時候多半會加
糖來平衡鹹味。此外，也常見與虱目魚、蚵仔搭配料理，去腥兼能開胃，
幾乎是沿海地區菜色的代表。

西瓜綿特殊的酸鹹滋味與質樸香氣，搭配鮮魚更是天作之合。

封存的味道，台江的「kê」

對台江的人來說，什麼是過去記憶裡最鹹鮮的味道，那肯定是「膎（kê）」。[84]

膎（kê）在舊志文獻上多以「鮭」稱之，鮭的歷史淵源頗早，魏晉南北朝即見相關紀錄，自明清以來，中國廣東、福建沿海民眾多以魚蝦製成各種鮭醬食用，《澎湖廳志》就記錄該廳物產有：「魚鮭，又有珠螺鮭、麥螺鮭之屬。」[85] 早期沒有冷藏設備，食物保存不易，為延長保存期限，台江地區的先民將盛產時多餘的生魚、蝦、蟹等，直接以鹽醃漬放入罐中密閉封存，讓食物自然發酵製成膎（kê），曾經是當地居民重要的食物。

「早年靠海人生活普遍不好，只有在收成或牽魚仔時，相放伴才有新鮮、好一點的魚可以吃。」當地耆老蔡雅輝說。過去生活貧困，漁民或養殖戶多半會將肥美飽滿的漁獲海鮮用作交易，而農戶利用農閒到海邊捕撈到的魚蝦蟹，賣相好的也都拿去賣，留下次等、死掉的或有剩餘才會自己吃或醃漬成 kê。只有在特別的節日，或是鄰里間「相放伴」（sio-pàng-phuānn），於收成或忙碌時互相幫忙，彼此換工後，魚塭主人為感謝來幫忙的人，準備點心招待時，通常會盡力張羅，才能吃到新鮮或稍微好一點的魚，因此平日的飲食中常可見到 kê。

kê 的種類很多樣，除了魚蝦蟹外，蚵仔或珠螺等也都能加工成蚵 kê、珠螺 kê…，台江地區的魚蝦蟹貝非常豐饒，不定時的驚喜除了可嘗鮮，也都能醃漬，尤其是捕撈到的小魚蝦，或孩子撿拾回來的小蚵，更是醃漬 kê 的好食材，讓美味長時間的封存延續。在台江生長的郭燕秋說：「小時候常吃文仔 kê，因為文仔魚刺太多不好吃，所以阿嬤都做成 kê，以前餐桌底下都有一大甕，那股臭甘味到現在都還記得！」多刺的雜魚，利用醃漬的方式使其鮮味更提升，也將刺軟化，用來配飯配粥或炒菜。kê 的製作方法簡單，製成的 kê 不需經過複雜的烹煮或

調味就能食用，所以成為當地早年很常見的配菜。[86]

　　不過，海鮮醃漬的 kê，經過愈長時間的發酵，蛋白質會分解成濃稠醬汁，打開罐子，一股腥鹹濃烈撲鼻，略帶幾分臭甘的異味，也是讓許多外地人望而卻步，不敢輕易嘗試的原因，然而，喜歡這一味的，卻是鮮不如醃，新不如舊呢！而這股味，也正是屬於台江限定的鄉土味。

　　醃漬的食物在早期的臺灣並不罕見，然而濱海地區的醃漬品在種類與數量上明顯豐富，這是在自然環境的限制，以及以農、漁為生計的產業型態下，得看天吃飯而養成的敬天惜物，也是「土鹹、人韌、勤儉」反映出來的飲食習慣與文化。

『台江賜福喜拼盤』，拼盤如人生，五味並陳才是真滋味，就如台江之味有鹹有甘。

風土食材演繹出台江宴

　　2024「台江宴」，讓台江的風土味有了另一番催化與演繹，鹽地內海的食材在師傅的巧手下，拼整出新的韻味。在地的「東香臺菜海味料理」主廚蔡瑞成（大頭師），承襲父親阿平師的手藝與多年辦桌經驗，練就出一身獨到廚藝，憑著對地方食材的熟稔與掌握，以及長期積累的味覺記憶，汲取台江與鹽分地帶的食材與元素，台江宴也為風土飲食找到另一條新的路徑。

　　「台江賜福喜拼盤」以思慕香腸、五味九孔、八寶丸子、泡菜花枝為宴席展開序曲。傳統的香腸中揉合了虱目魚，讓海陸滋味彼此融洽襯托，少了油膩更為順口；花枝水煮後塞入爽脆的泡菜，不用繁複

台江宴的『紅燒什錦魚皮羹』將食材充分變化運用，也反映過去台江先民的飲食樣貌。

133

的調味，講求的是食材的本味鮮甜；八寶丸集結了多種食材還包進鹹蛋黃，十足飽滿大器，再有最象徵臺灣味的五味醬，四道小品看似平凡，卻宛若靈魂般缺了誰都不可的拼出辦桌菜的經典。

「紅燒什錦魚皮羹」以炸過的虱目魚皮替代傳統大宴裡的魚翅，類似早年「磅皮」（pōng-phuê）的手法，[87] 過去台江地區辦宴出不起魚翅，就以豬皮炸過的磅皮或魚皮替代，儘管沒有魚翅的矜貴，但「窮人的魚翅」膠質和口感依舊，復刻的是過去台江生活的滋味。魚皮羹在紅燒的濃烈下迸發出羹湯的華麗口感，再以五賢醋、工研烏醋與清醋調和出黃金比例，輕點出「羹」必須的一味，也在提味去腥之餘，突顯尾韻的酸鮮香勁。這股的酸、甜、香，是辦桌「二路菜」羹湯的

『西瓜綿鮮味蒸蛋』，為「鹹地鮮滋味」下了精準的註腳。

味覺記憶，也牽動了物資不豐的年代裡，盼著年節、神誕慶典或婚生壽喜時那一桌子祝賀兼打牙祭的豐美記憶。

「西瓜綿鮮味蒸蛋」為台江之味構思了最好的腳本，讓西瓜綿有另一番完美的演出。過去因惜食，也曾是貧困生活下用來佐餐的西瓜綿，配上花枝、蝦、蚵、海參等豐沛海鮮，滿溢的食材在蛋的襯托下益發美味，一抹恰到好處的酸軟，成就鹹地最鮮的滋味。飲食不會只是填飽肚子，往往也是當地風土的層疊，歷史與自然的協奏，一道西瓜綿鮮味蒸蛋，讓鹽份地帶的味道更鮮明，也將濱海之味，一併喚回餐桌。

「山海戀真情」融合山區的破布子與濱海虱目魚，破布子源自大

『香酥魚餅莎莎醬』有傳統的元素也有新的手法，大頭師希望新舊交融，做出具臺菜精神的菜。

頭師對住在淺山地區外婆的記憶，虱目魚則選用全臺極西點國聖燈塔以南約 1 公里處的「羽堤生態漁場」所養殖，除了低密度飼養外，離海近、鹽分相對高的魚塭而使虱目魚生長較慢等因素，都會回饋到食材本身，這股鹹香與鮮味展現的也是台江地區家戶日常餐桌。大頭師以寬粉（冬粉）吸收破布子醬汁帶出魚鮮，全憑食材本味加上簡單的蔥、蒜與香菜調味，明快輕盈的手法，等待時間換來雋永的山海味。

如果說破布子寬粉虱目魚樸實素雅，那麼「香酥魚餅莎莎醬」便是不受框架限制的挑戰，取在地元素創新作法，打破既定料理的風味疆界。大頭師混合紅蔥頭和虱目魚打製成漿，以魚漿、花枝漿、麵包粉油炸製作的虱目魚餅，搭配百香果、鳳梨調製的莎莎醬，在美生菜與堅果的點綴下，創造酥脆、清爽、有嚼勁等多層次口感，一口咬下

『毛豆麻油雞米糕』，毛豆濕潤軟糯、不失嚼勁，與麻油雞相互映襯，口感豐富有層次。

的不只是在地風土與外來文化，還有綻放於舌尖的複合滋味。

有故事的還有「毛豆麻油雞米糕」，受限於降雨較少、東北季風與土質鹽分的關係，台江地區過去蔬菜的選擇與種植相對侷限，以根莖瓜豆類為大宗作物，這些蔬菜也適時的彌補了過去主食的不足。大頭師以此為發想，做出帶著醬香味的毛豆麻油雞米糕，加上黑、白芝麻，呈現不同層次的香氣。

台江宴翻轉了濱海之地飲食的想像，背後除了盤根錯節的脈絡，訴說食物在每段時間軸上的故事，也有因地制宜的飲食智慧。在歷史與風土的交織下，大頭師以道地真功夫，不泥於一的手法，讓一桌子的菜顯得立體且壯麗，讓整個味譜變化更豐富，透過料理，也重新串起民眾與台江大地的連結與情感。

「台江宴」最初由大頭師帶領臺南社大台江分校料裡班的學生製作，為台江建庄200年系列活動而發表，今也導入餐廳，成為東香臺菜的特色宴席。

台江宴的操刀者菜瑞成（大頭師），也是台江地區知名的辦桌師傅。

03

從米食說起

鹽水人的哀愁與美麗 豬頭飯

　　豬頭飯是鹽水才有的小吃，這名字乍聽之下有幾分莞爾，絕對與豬頭有關，然而，飯端上桌卻未見豬頭肉。豬頭之名從何而來？根據地方的說法，日治時期，因為物資缺乏，鄉下地方只有逢年過節或喜慶才能殺豬，富裕人家吃得起豬肉，一般農戶便只能物盡其用，吃豬頭煮出來的飯，此說法幾乎已成鹽水地區眾所周知的「公版」。

吸飽豬頭湯汁與吸附了油脂的豬頭飯，熱量足且便宜大碗，至今仍是鹽水人最實惠的早餐，陪著當地人走過悠悠的飯香歲月。

自早,整頭豬從頭到尾充分利用,挑精撿瘦的烹調習慣,在鬍鬚豬頭飯彷彿也可見。
嘴邊肉、大骨肉、耳朵、豬皮甚至眼睛,簡單汆燙沾蒜頭醬油就是一道佳餚。

從物資匱乏,惜食節儉,到發生翻天覆地的變化

據地方耆老說,過去沒有太多食物可吃,加上當時節儉,得了食
材得物盡其用,便想方設法變成美食,豬頭混米煮成飯,帶點肉味葷
腥與油香,總勝過米飯加鹽吧!聽起來有點淡淡哀愁,想來也是,在
物資不充裕的年代,想盡辦法拼拼湊湊才能變出一道菜,就如同許多
食物的源頭大抵也是惜食觀念下而衍生,如早年民間辦桌後的「菜尾
湯」將宴席剩餘的菜混合再次加熱煮成,[88] 用來分送親朋鄰居,也隱含
著濃厚的人情與謝意,時過境遷,今日的菜尾早已演變成廚師特製烹
煮的客製佳餚。再如客家人的小炒,也是將祭祀過後煮剩的零碎食材
再拼湊料理成一盤,變成客家小炒,惜物節儉下將原本可能不吃的透
過烹調變得可口,翻天覆地的竟成了華麗名菜!

原本豬頭飯是生活不富裕的平民百姓吃食，結合了相對廉價的豬頭與秈米，因為便宜而常被食用，不過，最初只見於一般人家的餐桌，後來也走出家庭，帶來商機，在生活逐漸穩定稍有餘裕後，豬頭變成相對便宜的食材，因為經濟實惠口味又好，在地方上頗受歡迎，還打出響噹噹的名號，後來更傳到新營去，成了新營人的日常飯食。

粒粒分明「銃子飯」，鹽水人的活力早餐

豬頭飯最大特色在於使用「秈米」，也就是俗稱的「在來米」，相較於日本人來臺後引進改良育種的粳米（蓬萊米），在來米因為口感不佳，價格相對便宜，成為農業時代一般家庭主要的米食，而煮熟後蓬鬆不黏韌、粒粒分明，看起來份量多且足，也是豬頭飯選用米的主因之一，「以前老一輩人都說是『銃子飯』（tshìng-tsí，子彈）！」在鹽水從事餐飲業超過 50 年的陳進明說，現代人吃慣了 Q 黏的蓬萊米，在來米黏性差，口感偏乾硬，尤其不討年輕人喜愛，所以後來有營業店家改良或混雜蓬萊米。

傳統豬頭飯是以整顆豬頭熬煮至少 2 小時成高湯，濾油後，再以豬頭高湯炊煮在來米，過程中加的水、鹽、蔥頭等調味比例，是各家獨到之祕，也有創新作法添加蝦米煮過的湯汁提味。待米飯炊熟後，直接吃或拌入豬油、香腸油等增加油潤與香氣。豬頭飯的表現在於豬頭豐富的膠質以及油脂與在來米的融合，米飯色澤溫潤微黃，豬頭湯汁滲入米粒中再透出的淡淡肉香，是最完美的結合。豬頭便宜且有熱量，在來米好消化，對早年務農與從事勞力工作的鹽水人而言，是道地的早餐代表，一碗飽足，一整天也氣力十足！

在來米不像蓬萊米有黏性，再拌入香腸油或豬油，讓油脂滲入米粒，米飯更油亮有香氣。

鬍鬚豬頭飯不僅是鹽水至今營業最久的豬頭飯店家，溯其家族，當地知名的小吃，幾乎都與陳家有關。

隱於飯裡的豬頭，「鬍鬚豬頭飯」保留古早味

鹽水有多家傳承好幾代的豬頭飯，目前營業最久的「鬍鬚豬頭飯」，最初，陳復宗、陳進發兩兄弟在伽藍廟前擺攤販賣，兄弟分家後由陳進發持續經營。鬍鬚豬頭飯至今仍不改傳統的以在來米炊煮，第4代陳科呈說，在來米還得用一年的舊米，水分含量較低，不容易糊化軟爛，米粒口感才會好。將米煮熟後拌上炸香腸剩下的油渣，讓米飯吃起來更加香腴增味。

不見豬頭的豬頭飯，熬煮後的豬頭不單隱於飯裡，一同入鍋的三層肉、大骨肉……，隨手一切，軟嫩的嘴邊肉、骨邊肉、豬耳朵甚至眼睛，就是招牌骨仔肉，簡單汆燙後沾點蒜蓉醬油膏，再配上飽滿厚

一碗豬頭飯，一份香腸肉，鹽水許多街坊直接將這樣的搭配稱作「一組」，再來碗清湯或苦瓜湯，對味也飽足。

實、油潤而不膩的香腸，拼成一盤香腸肉，不過分華麗卻也不寒傖，是許多鹽水老饕的心頭好！往往熟客無需太多吩咐，隨口說句「一組」，店家就懂得出菜。

飯桌仔經營，豬頭飯外，時令菜色是特色

豬頭飯的經營模式，很像盛行在府城裡的「飯桌仔」，自日治時期，在府城內、特別是米街附近的「石舂臼」，[89] 就有飯桌仔，提供飯、湯、肉類以及在地當令海鮮時蔬現煮等菜餚，成為府城飲食的特色。鬍鬚豬頭飯通常也有十數道烹煮好的配菜，多為季節性食材，陳科呈說，小店經營久了，要推陳出新同時兼顧保留古早味菜色，更得費心。

店裡年紀大的顧客偏多，白菜滷、苦瓜湯以及鹹焿吳郭魚、虱目魚頭、草魚頭等，都是幾代下來從沒變過的菜式，要面面俱到的滿足顧客嘗鮮心理，也有泥鰍、魟魚等季節性菜色，以及不定時、偶爾才會出現的隱藏版如成仔魚蛋，那是熟門熟路的饕客才懂得詢問。

說豬頭飯是鹽水指標性的食物，真的名符其實，說也奇怪，出了鹽水、新營以外，便十分少見。「那本來就是家裡自己吃的，出了鹽水、新營大概很難生存。」陳進明說。

豬頭飯提供的就是一種家庭式的飲食，以人人都能消費得起的平價與口腹滿足，陪著在地人走過吃飯時光。

不同於其他傳統小吃的「食巧」，飯桌仔也能「食飽」，豐沛（phong-phài）又滿足。

【「做自己」，有獨特性格的「飯桌仔」】

　　「飯桌仔」是府城飲食的特色，提供多品多樣的菜色，卻不同於自助餐也絕非清粥小菜，加上供應時機、經營與計價方式，都呈現出獨樹一幟的風格，也是府城常日最迷人的飲食風景。

　　飯桌仔提供魚、肉、菜、飯、湯等多樣山海之味，現煮之外，更講求在地當令的時蔬與海鮮，尤其各式雜魚繁多為其最大特色，猶如一期一會般的緣分，有著不可預測的驚喜。儘管多為家常菜色，烹調功夫卻十分了得，囊括炸物（如八寶丸、蝦捲、紅糟肉）、油煎（香腸）、熱炒、醬滷、清燙等多樣手法，且不定時補充熱菜，部分店家的湯品還採單碗現煮，以絕對新鮮的姿態呈現在顧客面前。

　　供餐方式也自成一格，許多飯桌仔在早、午餐時段供應，由店家夾菜，固定份量，一菜一小碟精緻的上桌，絕不混淆菜品，結帳時按碟子或時價計費，儘管價格依食材季節產量而浮動，顧客依舊心甘情願，甚至成了一種慣性，懂吃的自會上門。而口腹之外的附加，還有店家與老顧客間的互動，在點餐時的一個眼神交流或示意，甚至無須言語就知道該端上什麼菜，如此心領神會的默契，日日上演。

炊出左鎮生命力

秀娥阿嬤的米食小攤

在左鎮提到秀娥阿嬤的店，當地人多半都知道，沒有招牌的小店，秀娥阿嬤熱絡的招呼聲與親切的笑容，成了最醒目的標誌，也是左鎮街上最溫暖的風景。

卯足全勁，拚搏出小鎮傳奇

天沒亮就開始張羅炊粿煮湯，準備 6 點開賣，碗粿、甜粿、鹹粿、粽子、味噌湯，小小攤車上擺滿左鎮居民熟悉的味道，每天固定的量，售完即止，而一到假日，數百顆的粽子與上百斤的鹹粿，經常短短幾

秀娥阿嬤小店平日販售的米食品項不多，卻是當地火紅名店。

秀娥阿嬤親切的態度與笑容是左鎮最醒目的標誌，她包的木瓜粽，有著全國知名度。

小時內就被湧入的觀光客或專程前來採買的人搶購一空，秀娥阿嬤的米食，幾乎成了左鎮地方傳奇。

　　不過一開始，秀娥阿嬤也不是這麼順利，如同所有的網紅名店一樣，她的背後也有無數艱辛。比例拿捏不精準，不懂所謂的 SOP，炊出來的粿點時硬時軟，口感不一；粽子更糟糕，最初秀娥阿嬤的媽媽教她包粽子，但她怎麼都學不會，「剛開始縛（pak）的粽子都還是長形的，像扁擔！」她回想起來笑著說。是嫁了人之後，在婆婆的教導下才學會包粽子，也是在一次次的嘗試、調整炒料與味道後才掌握到做粿的訣竅。然而，這還不是最難的，擺攤之初算「新手」的她，要在左鎮這個小地方建立屬於自己的客戶，秀娥阿嬤更是卯足全力，拿出年輕時拚搏的精神，努力的與客人搏感情，慢慢有人懂得她的用心，吃出她做的米食真材實料，生意才漸入佳境。

堅毅個性，憶女之情，轉作動力

　　本名簡秀娥的秀娥阿嬤，是左鎮學仔內的人，自小跟著父母搬到市區做生意，她幫過父親賣豬肉，成長的過程還兼差打工，一路辛苦練就一身能力與耐力。後來嫁給擔任鑲牙師的丈夫，原以為能過上輕鬆的日子，不料先生在一次意外中受傷失明，醫藥費、生活費接踵而來，為了扛起一家生計，扶養 5 個小孩，在親戚的建議下她擺攤賣起蚵嗲（蚵炱）與粽子，養活一家。

　　從年輕時為了生活奔波，在孩子成年後，本該卸下肩負生活的重擔，但她卻早已習慣操持，依舊全年無休，「媽媽就是一個人抵很多個人用，像鐵人！」跟在身旁的三女兒謝汶違不捨母親太辛苦，勸她多休息，然而，秀娥阿嬤總說「可以做，就是好命！」一句話便把女兒打回票。

炊粿是極費體力的活兒，秀娥阿嬤的女兒謝汶違不忍她太辛苦，如今也返鄉幫忙母親。

秀娥阿嬤的堅毅與韌性，除了個性使然，背後還有一個原因，是為了她生病過世的二女兒！曾放下所有工作長達 8 個多月，全心陪伴女兒度過罹癌化療的日子，在女兒解脫病痛、撒手人寰後，秀娥阿嬤的哀傷卻才開始啃噬，那一度她幾乎走不出喪女之痛，直到有天她驚覺到自己不能再沉浸於傷痛，在天上的女兒一定也不希望見到母親如此，她得想辦法走出憂傷。工作，成了最好的治癒良方，在歇業一段時間，她打起精神重回灶前，要將一輩子的傷痛與對女兒的思念，轉作再出發的動力。

自種月桃樹，獨特木瓜粽，用體力與時間換來的美味

佝僂的身軀，動作卻十分俐落，旁人要秀娥阿嬤放慢速度時，她總說「會做袂赴（bē-hù，來不及），我縛粽（pak tsàng，包粽子）很慢。」

將混合木瓜絲的糯米先炒過，糯米的香氣與木瓜的甜味瞬間釋放出來。

事實上，不是秀娥阿嬤的動作慢，而是她對所有米食都有著極度龜毛的要求，而這也是她的粿與粽子好吃的原因。

仔細的挑選半生熟的木瓜，去皮、削籽與清洗，經過一夜等木瓜乾，冷藏後再刨絲並剁成細碎狀，跟著將適當比例的米與木

包木瓜粽的木瓜不能過熟太軟，否則會軟爛的，以偏紅肉的木瓜為上品。

瓜絲混合，加入鹽、糖、油蔥等調味，下鍋用力翻炒至半熟再放涼冷卻。秀娥阿嬤說木瓜粽不但工序繁瑣得多，從生木瓜的前置處理，到炒過之後為避免加了木瓜的米「出湯」，還得靜置放涼才能包，一斗米的木瓜粽所費的時間足足是一斗米花生粽的兩倍！而木瓜富含水分與酵素，成形的粽子容易軟塌，為了讓粽子飽滿，還要包得更加緊實，炊的時候也得依照每批粽子的大小與木瓜比例來拿捏時間，才能避免木瓜過熟而影響色澤與口感。前端忙一番忙碌，後端依舊不省事，要比包花生粽來得耗費心力。

秀娥阿嬤為了有新鮮安心的粽葉可包粽子，更自己種起月桃樹，每週一、二固定上山採割月桃葉，並堅持趕在露水蒸發前，搶時間載回家清洗，經整理再燜煮到葉子轉色，「葉子平平包起來粽子才會婧（suí，漂亮）！」一片片在手裡被撥順攤平的葉子，在秀娥阿嬤的眼中才算「及格」。而每顆包好的粽子，她還會過秤，不足斤兩的還要再拆開，補米後重綁，就怕一個手感失準讓客人吃虧。最後，包好的粽子還要經過修剪葉子、調整繩結鬆緊、一顆顆整飾成漂亮的形狀，才能入滾水炊熟。

　　至今仍以傳統大灶、龍眼柴木炊粽，許多人問她怎麼不改用瓦斯，她給了一個很可愛的答案「瓦斯比較貴啦！」接著才補充說用瓦斯與柴火炊蒸出來的米食，味道絕對不同，就是這股打從記憶裡有媽媽味道的古早味，才讓她寧願捨棄輕鬆，多花體力與時間，還得忍受煙燻的看顧爐火！

　　一番的功夫與魔鬼細節，透露出秀娥阿嬤憨厚與老實的個性！

清晨才割下來的月桃葉，要清洗過煮並攤平，包的粽子才會漂亮，秀娥阿嬤的木瓜粽比別人費工。

至今仍以傳統大灶，撿材或鋸龍眼木當柴薪，呈現古早味。

粽子所有配料，肉、香菇都一批一批分開炒，維持鮮度。

幾口灶，不只供應節令米食，也炊出左鎮的生命力

秀娥阿嬤小攤的粿點，都是以在來米為基底磨製，再隨種類不同變化餡料，碗粿包香菇、香椿，豬油爆香後加上蝦米、油蔥酥的是鹹粿，素食鹹粿以香椿為基底，所有餡料得一批批分開炒製，割粽葉、炒料、炊粿經常都在同一天，有時還得分身製作臺式水粿，90 年屆七旬的秀娥阿嬤卻是清清楚楚，一點也不含糊。除了口味特殊的木瓜粽與粿點，早年也應時節做各式節令米食，年節製作紅龜、發粿、紅圓、草仔粿，8 月做麻糬，供應了鄉區的酬神祭祖，原本早年家家戶戶婦女必備，而今已逐漸為年輕一輩所遺忘，不再於節令實踐的技能，在秀娥阿嬤身上有了最好的延續與展現。

以在來米、蝦皮、豬油、油蔥、花生炊製的花生粿（鹹粿），吃得到濃郁的花生香氣，是秀娥阿嬤小店另一項招牌。

　　而那幾年，為應付愈來愈多的顧客，她號召一群上了年紀的婆婆媽媽來幫忙，各自分工磨米、切木瓜、綁粽子、顧柴火……，大家賺點零用錢也彼此交流，秀娥阿嬤家的廚房頓時成了另一個社區活動中心，冉冉上升的炊煙，閒話家常的聲音，宛若注入的生命力，活絡了寧靜的鄉區。

領悟生命，張弛有度；老主顧的想念，無怨無悔的堅持

　　兩年前，秀娥阿嬤因脊椎側彎以及膝蓋開刀之故，更重要的是二女兒的病逝讓她體悟生命，更懂生活，不再一週七天埋頭苦幹、匆匆趕做生意，她開始緩步下來，慢慢備料，也感受人生。如今，多數工作都交由三女兒打理，開刀之後，也減少木瓜粽的製作，僅在特殊節日或配合活動時才供應。不過，無法完全閒下來，也放不下鄰里與一群老主顧的秀娥阿嬤，仍堅持守著大灶繼續炊粿，只是，未來要吃到秀娥阿嬤的木瓜粽，恐怕得碰運氣了！

現在木瓜粽沒有每天包，未來要吃到秀娥阿嬤的木瓜粽，恐怕得碰運氣了！

一塊粿串起全庄頭 中崙粿仔伯

　　一個人，能滾動起一個聚落的炊粿產業，因此聲名大噪，而有「粿仔庄」之稱，還成為臺南多數市場攤商的供貨源頭，近百年過去，安定的中崙，依舊炊煙，飄散粿香。

遠途拜師，傳授鄰里不藏私

　　中崙粿仔庄的源頭，要從王仲說起，當地人稱「乞叔公」的王仲，年輕時入贅安順庄（今安南區）溪頂寮的吳姓人家，跟隨岳父學習製作鹹粿、甜粿，因與岳丈個性不合，後提出婚事重議，以積攢的 3 百元為聘，改為婚娶，並攜眷返回中崙。原本務農的王仲，為了增加收入，利用農閒騎腳踏車去岡山學炊粿，「當時學的可能是九層粿。」王仲的孫子王清和說，阿公先後去了岡山 3 次，前兩次鎩羽而歸，後來帶了 3 百元的「先生禮」（sian-sinn-lé，指酬謝老師的錢或禮物），才順利拜師學藝。

中崙粿仔庄創始人王仲。

　　習得技藝後，約莫 1930 年代，[91] 王仲以腳踏車將炊好的鹹粿、九層粿等載到鄰近的西港、佳里、麻豆、安順、臺南等庄頭巡迴販售，逢年節則做紅龜粿、

「中崙粿仔伯」的店開在中崙庄入口處，門面雖不起眼，卻帶動整個庄頭的炊粿產業。

甜粿、紅圓、發粿，因粿點口感細緻、軟甜綿密而大受歡迎，生意應接不暇。早年農村普遍經濟不佳，以米炊製的粿食取材容易，販售還能貼補家用，庄民見狀想向他學炊粿，王仲個性也大方，索性義務教起庄民炊粿。

大約 1930 年代，王仲開始販售自製的粿點。

挨米炊粿凝聚情感，「粿仔庄」名聲響遍南臺灣

王清和說孩童時期，記憶最深刻的是家裡長輩以石磨挨粿（e-kué）的景象，阿公生了9個子女，人人都會炊粿。儘管炊粿不是件輕鬆的事，尤其在高溫熾熱的夏季，光待在煙氣瀰漫的屋子裡，連動都還沒動就

滿身大汗了，著實辛苦，但一家子依舊和樂融融的挨米炊粿，感情也像蒸騰的熱氣般化不開。

王仲不藏私的教，庄民陸續來學，到了民國 5、60 年代全盛時期，全庄 50 多戶，竟有近 50 戶從事粿類相關工作。王清和回憶國小上學時，庄頭路口總集結許多鄰里長輩，以扁擔肩挑沿途叫賣，或騎腳踏車載著粿準備出去販售，當時最遠還曾兜售到新營、鹽水一帶。

前一晚將各種粿點的米按種類比例以不同顏色桶子分裝，隔日一早再磨漿，多年炊粿經驗讓王清和摸索並建立一套 SOP。

炊粿工序繁冗，過程還得忍受熾熱高溫。

一度家家炊煙、戶戶粿香，如今只剩 6 戶炊粿，致力保留產業文化

俗話說「教生教死，毋好教人做生意」，過去的人生性保守，也為給自己留口飯吃，所以凡事都肯教別人做，唯獨做生意的技能訣竅，是不輕易透露給外人知，否則自己便沒生意做了，因此民間也才有許多技藝是「傳子不傳外」，但王清和說功夫不外傳、同行相忌在這裡卻不曾出現，當年阿公王仲教會庄民炊粿，中崙一度家家炊煙，戶戶粿香。炊粿，造就了中崙這個小聚落的安定繁榮，也贏得「粿仔庄」之稱，名聲響遍南臺灣。只是，隨著時代與生活型態的轉變，粿點的銷量不若往昔，初一、十五敬神必備的紅龜粿、甜粿等，民眾用量也逐年減少，加上炊粿辛苦、工序繁雜，願意做的人愈來愈少，原本過去全庄九成以上人家仰賴炊粿維生，到現在只剩 6 戶還維持製作，[92] 炊

炊粿戶門口堆的棧板，是傳統大灶的柴薪。

粿產業與昔時農業時代早已不可同日而語,但他仍堅持傳承祖上開創的基業。曾任社區發展協會總幹事,現任中沙社區 [93] 發展協會理事長的他,在任內更積極推廣中沙社區的粿仔文化,從建置粿仔園、舉辦結合粿食的遊程、配合地方中小學校本課程推出手做粿活動,到近年在社區打造炊粿產業意象的裝飾牆,為的就是要讓這股香氣與文化能歷久不散、永續傳承。

敬天謝地,滴滴汗水換來的甜蜜

　　清晨 5 點就得起床浸米,2 個小時後磨米,跟著泡漿,一切準備就

一度炊粿興盛的中崙,聚落裡有多處產業相關地景,圖為「中沙粿仔園」。

近年,當地活動中心前也打造了炊粿產業意象的裝飾牆。

粿仔庄雖然僅剩 6 戶在炊粿,但臺南多數傳統市場販賣的九層粿或雙糕潤,多半師出中崙。

緒後，只見王清和站在磚砌爐灶前虔敬鞠躬，這才準備升火，展開他一天的炊粿，「每個灶頭都有灶君，守護著一家，做人要知道感恩。」阿公傳承的不只是技藝，還包括炊粿時對灶神應有的崇敬，以及敬天謝地的感恩精神，直到現在每逢過年，王家仍會擺置簡單香案祭祀灶君。

　　目前臺南地區販售的九層粿、雙糕潤多數都由中崙粿仔庄供應，既是庄頭的驕傲，更是炊粿人滴滴汗水換來的甜蜜。九層粿以在來米磨漿，再加入黑糖調色，[94] 將純米漿倒入蒸籠蒸至半熟凝固，才能再倒入第二層黑糖調製的米漿，使其有黑、白相間的顏色，如此層層疊疊反覆做完九層，顧名思義，所以稱九層粿（或九重 Káu-tîng 粿），製作時不僅得逐次的掀開蒸籠添加米漿，還必須一整日的漫長等待，小小一塊，背後卻不簡單。

清晨，王清和在古式的低灶前燃油生火，準備展開一天繁重的炊粿工作。

炊粿的米多用一年以上的舊米，糯米加蓬萊米做雙糕潤、芋粿、紅豆粿，在來米做
九層粿、鹹粿、發粿，糯米炊甜粿，不同粿點調不同的漿，清清楚楚絕不混淆。

製作九層粿需等第一層米漿蒸熟凝固，才能倒入第二層
製作，層層疊疊添加米漿，十分費工。

以蜂膠為底（一來素食可食用，主要避免沙拉油的油耗味），再鋪上食品級玻璃紙，王清和說成本貴很多，大概只有他這麼做。

被誤解的「一箍趁九角幾」，慢工細活出好粿

　　九層粿的炊製成功與否，口感好壞，米漿的比例與炊蒸的火候是關鍵。「炊粿攏加水，一箍趁九角幾（tshue kué long ka tsuí，tsit-khoo than káu-kak kuí）」[95] 以三分米、七分水比例調製的米漿，讓許多人只看到食材不多，便誤以為成本低，卻不知九層粿要做到軟 Q，火候必須夠大且維持不熄，每一層得炊至少 20 分鐘，所有細節與工序可都是隱形成本，「製作技術再好，若少了等待的過程，就不會好看好吃！」王清和說，炊粿沒本事，靠的是不偷工減料以及不怕麻煩的堅持，才能在等待中等出層次分明，每一層都綿密緊實，入口卻蓬鬆柔軟的粿；也只有純米的米漿，才會如同真金不怕火煉般，溢出濃郁香氣且愈炊愈 Q ！[96]

九層粿橫切斷面層層分明，每一層間出現紮實卻又互相牽引的不同口感，滋味迷人。

與時俱進的古早味,粿仔香遍傳臺灣頭尾

　　王家從第一代王仲奠基,傳到第二代王水道時趕上當時農村電力設備普及,在公教人員平均月薪不到 2 千的年代,砸重金 4 千 8 百元添購電磨機,改良製程也縮短工時,規模漸具,到第三代王清和增加品項,除了平日炊製九層粿、雙糕潤、芋粿、紅豆粿、鹹粿外,以及年節製作紅龜、紅圓、甜粿、發粿,也研發以糯米混蓬萊米的干貝麻糬與包餡的雙糕潤,並從零售轉作批發,供貨給臺南多數的市場、夜市,也將自家品牌「粿仔伯」推到東山休息站與百貨公司,配合美食展活動或活動設櫃販售,提高能見度。兩個兒子王陽勛、王信璋在返家接手家業後,一內一外的分責製作與行銷,通路延伸到網路宅配。

　　當年,王仲催生了中崙「粿仔庄」,如今,王家後代要讓粿仔伯的故事與精神,以及粿香能傳遞到臺灣的各個角落。

傳統雙糕潤僅黑糖、白糖調味,後來再研發芋頭、紅豆口味。

「粿仔伯」於臺 19 線安定路段旁有一據點，王清和父子每日在此限量販售新鮮粿點。

【中崙粿仔香，家戶各具特色】

中崙炊粿技藝師出一脈，由王仲授藝後再分傳出去，因此早年庄內的炊粿人家都有師徒關係，如炊粿超過一甲子的「森喜九層粿」創始人王森喜，最初為改善家計，向叔父王水永學藝，後再傳授給庄民王清茂，隨著王清茂年事已高，後繼無人，再傳給一心求藝的鄰居吳銘麟、王金菊夫妻，不僅秉承王仲最初傾囊相授的無私精神，也展現過去敦睦鄰里，互助為樂的傳統。

人稱茂伯的王清茂炊粿將近一甲子，無師自通創寫炊粿詩搭配二弦唸唱，堪稱地方奇人。

中崙炊粿儘管系出同門，但在各自的手路與發展下，如燃料的不同（柴燒與瓦斯）、蒸籠形式（竹蒸籠、木製蒸籠與現代蒸籠），以及火候與時間的掌控，而呈現不同的風味。

目前中崙的炊粿人家，分別為王仲所創的「中崙粿仔伯」與另一支王姓宗族的炊粿、王森喜九層粿（今由王森喜媳婦與女兒打理）、久茂九層粿（今由吳銘麟、王金菊夫妻打理）、以及當地吳姓、楊姓庄民炊粿，共6戶，各具特色。如「九茂」至今仍以天然柴薪炊粿，並保留最完整的九層；「王森喜」則以自創的大灶與蒸籠炊粿，而每

郭銘麟、王金菊夫婦至今仍以老灶燒柴炊粿，慢工出細活的保存傳統好味道。

家也各有銷售管道，「粿仔伯」專營批發，「久茂」則自製自銷，彼此間各有不同的通路與市場，互不搶客或踩線，保有濃厚的人情味。

而高齡 80 多歲的茂伯（王清茂），出身貧苦，雖識字不多，從 14 歲開始四處賣粿到 21 歲學習炊粿，從事粿點製超過一甲子，忙碌中還自娛娛人的練二弦，無師自通的鑽研七字詩，將中崙炊粿的發展創寫出〈中崙炊粿詩歌〉，傳為鄉里奇談，也獲得地方讚賞。

山境香煙，人情豐實

大坑尾「擔飯擔」

　　「擔飯擔」是臺灣民間別具意義且十分有人情味的民俗活動，早期農村社會在農忙或收割之際，從事耕種的男性因無暇回家用餐，家中婦女便以擔籃挑飯到田裡去給從事農務的家人或協助收割的鄰里食用，這樣的飲食習慣也體現在民間信仰活動中，於年節或酬謝神明遶境時，為體恤參與者的辛勞，民眾準備餐點一擔擔的挑到活動現場，讓參與者飽食也分享給大家，成為「擔飯擔」民俗。

　　擔飯擔在臺灣各地並不罕見，如雲林褒忠馬鳴山鎮安宮的「五年千歲吃飯擔」，以及臺東池上鄉元宵遶境時的「擔飯擔」，定年舉行，活動皆十分盛大，新化大坑尾逢元宵也有「擔飯擔」民俗活動，結合當地的信仰與生活型態，在風土的催化下帶出獨特的地方味。

新化區大坑尾庄小人稀，地方信仰虔誠，庄廟聖母宮廟貌巍峨。

山區幅員遼闊，山路崎嶇難行，為讓參與遶境的人員能飽餐，衍生出擔飯擔之俗。

延續神明香火，誓不退份

　　新化東南隅的大坑尾，群山環抱，現在百餘戶的聚落共祀媽祖，以大坑聖母宮為信仰中心。相傳當地原有各自信仰的蔡、邱、黃、陳四姓居民，[97] 當初為了凝聚地方向心力，而有祈求神明為共同信仰之意，庄民利用農閒之餘，在黃姓聚落內的龍眼樹下「觀（kuan）神明」3 年才求得媽祖金身。另一說，早年因為地方五穀歉收、瘟疫蔓延，老一輩人到處求神，最後在刺竹林間尋得媽祖神尊，迎回供奉。自此每到元宵，便遶境山區庄頭祈福。[98]

　　舊時，大坑尾原僅寥寥 16 戶，因庄小人少，為維持香火延續不至中斷，居民彼此宣誓，除非絕嗣無後，否則不可「退份」，之後共同舉辦遶境活動，因此當地遶境「擔飯擔」又稱「公吃」。

　　元宵遶境是大坑尾的大事，幾乎每戶都要派出男丁義務幫忙，當地歷史悠久的宋江陣也會出陣護駕，增添熱鬧氣氛。然而，山區幅員廣闊，在過去交通不便的年代，更顯艱辛，念及山路遙遠崎嶇，為了讓遶境的庄民與陣頭人員補充體力，自早當地各家各戶就會自動備妥飯菜，以扁擔擔出來讓參與遶境的人員「食粗飽」，相沿成「擔飯擔」之俗。隨著居民與參與者漸多，擔飯擔也以庄廟大坑聖母宮為中心，分東西兩路線浩浩蕩蕩展開。

封存山區的生活樣貌與飲食

　　「擔飯擔」是為慰勞遠境人員所衍生，由地方居民自發性準備，餐點也取自居民日常飲食。大坑尾一帶居民多務農，為能飽餐好足以應付農事勞作，也迅速補充營養，以米加上竹筍燜煮的鹹飯（竹筍飯），是當地傳承已久，也是至今許多家庭常見的餐食。事實上，閩南人的飲食文化中就有鹹飯，是早年農村重要的飲食，只是配料與烹調手法因著時地與各家戶而異，也造就了不同的鹹飯滋味與記憶。不只閩南人，鹹飯也是新化、龍崎、左鎮地區西拉雅族人早年的家常料理，「*以前幾乎家家戶戶的婦女都會煮筍子鹹飯。*」當地耆老說，在農忙、喜事或家中有大事時，居民總會煮筍子鹹飯給前來幫忙的鄰里充飢或當正餐。同為閩南與原住民早年的常日飲食，將菜飯一起入鍋燜煮，既節能省時又具有飽足感的鹹飯，成了大坑尾擔飯擔最主要的餐食。

鹹飯，是閩南的飲食文化，也是早年臺灣農村的重要飲食。

　　將五花肉、雞肉、香菇、蝦米、魷魚、紅蔥頭等配料，以及當地盛產的竹筍[99]調味炒香後，放入生米翻炒，再加水燜煮至水分收乾。「做鹹飯得先煏（piak，裂開、逼出，指用火炸出油或香味）豬油。」地方婆婆媽媽說，以豬油炒食材才會香。豬油是早期常民重要的烹調用油，得以手工煏出，儘管製作上費時費力，卻是佳餚香氣的來源。炒米過程中火候的掌控極為關鍵，期間還必須看顧爐火，多次攪拌才能避免米粒燒焦或米心沒熟透。至今仍以傳統大灶燒龍眼柴，利用柴薪分散火力讓米飯受熱均勻，再由大鍋翻炒所帶出的鹹飯口感與特殊香氣，更是用瓦斯爐與電鍋烹煮無法比擬，也是大坑尾鹹飯的一大特色。大灶是過去農業社會家家戶戶必備的生活器具，隨著時代變遷多被現代化爐具所取代，不過，大坑尾因位處偏郊，聚落發展與變遷相對緩慢，許多人家仍留有舊式大灶，[100]也才能保留如此傳統的烹調方式與飲食型態。

大坑尾擔飯擔的鹹飯食材並無固定，依各家而異，然而多為在地易得之食材，具有濃厚的地方風味。（黃文博提供）

擔飯擔匯聚了在地的食材，發揮最大的利用與效益

烹煮鹹飯的技藝逐漸失傳，現在掌勺者多為高齡長者。

鹹飯與竹筍湯一飯一湯，分置飯擔兩邊，是最基本的組合。（謝國興提供）

輸人毋輸陣，傾囊而出的山線美味

「擔飯擔」雖說餐點是以飽食為目的，但各家各戶為了讓菜色上得了檯面，展現「輸人毋輸陣」的氣魄，都會盡力端出拿手好菜，除了鹹飯與竹筍湯基本的一飯一湯組合外，早期逢年過節才吃得到、被視為是豐盛佳餚的雞豬羊等禽畜類，也在此時傾囊而出、精心料理，居民以當地盛產的竹筍、放山雞、羊肉等食材，做竹筍雞、酸筍雞、燒酒雞、土雞油飯、甚至烤乳豬，以及綠豆湯、仙草、愛玉等，當地知名的「王家燻羊肉」[101] 所製作的燻羊肉、羊肉爐也常在擔飯擔之列，從主食、湯品到甜點，應有盡有，十分豐盛。

連兩年獲得米其林推薦的「王家燻羊肉」，以稻穀燜燒的古法燻羊肉而聞名，其燻羊肉常在擔飯擔之列。

　　當日，庄廟聖母宮也會出錢請辦桌師傅前來拍（phah）滷麵、或製作封肉、炸丸子、煮湯圓等不同口味的菜品，讓陣頭與前來參與遶境的民眾享用。曾經負責 3 次元宵遶境餐點的關廟辦桌師傅盧正治說「不要以為遶境隨意吃，菜色就隨便。為了犒賞陣頭的辛勞，宴請民眾，用料通常更足更好。」以虱目魚漿加絞肉製成的肉羹，搭配鯊魚肉與豬肉，以及高麗菜、紅蘿蔔、木耳、花菇、扁魚、蛋等多種食材勾芡，再加上鄰近地區盛產的關廟麵，集山產海味所有珍饈於一鍋，在冬日裡既暖胃也暖心，更展現廟方的熱情好客與誠意。

一聲「開動」，才能開動；吃空空，才會好年冬

　　當日上午，一百多戶居民將準備好的食材於各家戶的大灶烹煮後，

當地大坑休閒農場也端出烤乳豬，宴饗陣頭與信徒。

通常是一鍋鹹飯與一鍋湯，或一鍋炒麵、米粉搭配一鍋湯，盛裝於竹編的擔籃，再以肩挑飯擔徒步到聖母宮廟埕（分中午與傍晚二梯次供應），居民將各自的餐點放置於長桌上，在廟方燃炮，主委一聲「開動」後，大家開始享用餐點。

「吃空空，才會好年冬！」當地還盛傳，如果居民擔出來的飯菜被吃得越多、越乾淨，來年才會豐收興旺，因此居民都會渾身解數的吆喝款待，希望自己擔的飯擔能被吃光，或許這也是受到早年務農人

時間一到，居民肩挑飯擔，浩浩蕩蕩的步行至聖母宮。（黃文博提供）

各家擔出來的餐食菜色不同，但共同的特色，就是手法樸實，滋味雋永。

節儉觀念的影響所致，惜食才有好福氣吧！一向寧靜的大坑尾，平日裡少有娛樂活動，3 年一次的元宵遶境盛況，[102] 居民熱絡招呼，以及返鄉遊子、遠道而來的信徒與慕名而至的遊客，讓大坑尾熱鬧的程度就如同過年！

溫馨人情之下，窺見飲食內涵與文化

香火與炊煙，凝聚大坑尾居民的地方認同與濃厚情感，隱含了敬天謝地、禮敬神明與地方團結互助的精神，「新化大坑尾擔飯擔」2016 年已被公告為臺南市定民俗。在遶境活動中，匯聚山區當令食材並發揮最大的利用，保留地方傳統的烹調技藝與飲食型態，在居民集體的進行與操作下，那是屬於大坑尾才有的在地味！

廟前萬頭鑽動，山境芳香，人情豐實，大坑尾擔飯擔的本質不僅在吃飯擔，更在敬天謝地，以及地方社會互助的精神。（黃文博提供）

創新「平常」的百年米食

黃家米糕栫

　　臺南的米食種類繁多，飯、粥、米糕、粽子、肉圓以及各式糕粿點心，無一不具，十分豐富，其中最獨特的，應該要屬米糕栫。

　　米糕栫是以糯米與糖炊製的甜米糕，填充入六角柱狀的栫桶中，經搗實再密封熟成的食品，最初多用於民間建醮或普度，且僅出現在府城，推想應與臺南地區自早為米、糖產地，原料取得便利以及有成本優勢，加上府城過去經濟繁榮，生活相對富裕，世家大族多，也較有餘裕與能力製作米糕栫。

從兼職製作到專業經營，聞名府城

　　「早年物資匱乏，可吃的東西不多，米、糖都是珍貴的食材，如果能吃到米做的甜食、點心，那是很奢侈的事。若是拿來當作拜拜的供品，就是最誠敬的大禮了！」普濟殿前黃家米糕栫第3代傳人黃銅山說。世居普濟殿旁的黃家，黃銅山的祖父黃塗，人稱「賣粿塗」，最初炊粿販售米食，後來也製作米糕栫，黃塗平日熱心廟務，[103] 地方關係與人際互動頗好，他製作的米糕栫甜而不膩，口感獨特，風味極佳，因而頗受好評，不但是廟會普度的祭品，也是一般民眾心中難得的美味甜點，黃家米糕栫在黃塗的勤勉拓展下，逐漸奠定根基。

　　傳到第2代黃福星之手，客源穩定，生意漸入佳境，黃福星順勢站穩腳步，更精益求精的打響黃家的名號，在 1970 年代左右轉為專業製作。1980 年代，時逢臺灣經濟快速起飛，景氣蓬勃，不僅歲時年節、婚喪喜慶講求排場體面，民間廟會盛行，神誕或祭祀場面更是盛大，普度或醮典裡必備的米糕栫需求量也倍增。米糕栫因為食材較珍貴，

且其黏稠的特性，動輒數十斤以至上百斤的製作，高聳矗立十分受人矚目，是普度場中非常直觀性的祭品，在早年祭品不像今日種類繁多、五花八門的年代，米糕栫自然成為信徒互別苗頭或宮廟營造氣勢的祭品，並以此競比實力，甚至蔚成風氣，「普度看場面，就看米糕栫」，栫桶愈高象徵祭品愈「豐沛」（phong-phài，豐盛），米糕栫數量愈多表示主人家愈大器，也愈彰顯面子，民間甚至有以此來評比論定普度規模。

在黃福星接手經營的那些年，普度期間製作 8、9 尺高、重達百餘斤的米糕栫幾乎是常態，送到廟埕時以米糕栫專屬的鐵架豎立，一字排開，「那場面真的很壯觀！」當時，不僅締造出黃家米糕栫一度榮景，也營造了普度場的磅礴氣勢。

過去民間會以米糕栫來論定普度規模，普度時，米糕栫一列排開，有彰顯面子的意味。（李青純提供）

傳承了數代的黃家米糕栫，保留傳統也致力朝文創之路邁進，以工作室延續古早味米食。（普濟殿前黃家米糕栫提供）

　　早年每到農曆 6 月，訂單陸續湧進，加上府城自古傳下的「輪普」制度，一路得忙到 8 月市場普度，跟著是年底各廟宇的建醮普度，常常僅靠下半年的訂單收入便足以支撐一整年的生活，也是黃家獨沽一味仍得以維持生計的關鍵。而米糕栫能持續傳承，除了黃福星的堅持，直到臨終前仍孜孜矻矻的操持家業，還有第 3 代黃銅山對米糕栫的一份情感！

　　黃銅山童年記憶最深刻的事，就是每年到了農曆 6、7 月米糕栫製作旺季時，家族總動員的景象，祖父與叔伯們各司其職的燒柴、顧爐灶、箍栫桶、炊米煮糖，自己與堂兄弟在放學後則幫忙洗、曬栫板，一家和樂的操持工作，忙不過來時，還會央請鄰人幫忙。米糕栫不但

是生意，還是家人凝聚的時光，甚至串起鄰里間的互助，十分有人情味。

如六片栫板緊密依靠，技藝薪傳，齊心共續百年老味道

自幼耳濡目染，看著祖父輩製作米糕栫，空氣裡的氤氳熱氣、裊裊米香，再看著父親將香Q的甜糯米填充、塑成矗立的米糕栫……，鮮明的畫面就像不散的炊煙，在黃銅山的腦海裡久久縈繞，而驅使他放下事業，接手米糕栫，則是父親的一席話與那份對祖傳技藝的責任與使命。黃銅山說，當年自創的成衣事業在面臨產業衝擊，咬牙苦撐時，除了父親黃福星當頭棒喝的點醒他，做好米糕栫也能是一番事業，他更不忍的是看著年邁的父親為米糕栫後繼無人，對一群老客戶難以交代而憂心，黃銅山才毅然決然的結束工廠，承繼家業。

每到工作日，天還沒亮，黃銅山與一群老師傅就開始張羅工具，準備展開繁冗的工序。[104]「一直以來，米糕栫就是靠多人齊心協力才能完成，就像這六片栫板，得向中心相互依靠，不能讓它散掉。」將一塊塊栫板相互傾靠，組成嚴密緊實的栫桶，動作俐落老練，當中也有他悟出來的人生道理。過去支撐操持米糕栫的是整個家族親人，如今，則多了一群跟著他幾十年、死忠的老師傅，就像栫桶般，分開各自獨立，也能緊密相依，牢牢的將米糕聚攏，讓米糕厚實、黏得分不開。一群夥伴們既能分工作業，合作時更有著幾十年培養出來的絕佳默契。

從組栫桶起，就是技術也是體力活，「所以自古以來都是男人在做。」將洗、浸好的米倒入炊斗中炊，同一時間一旁得邊煮糖，空氣裡瀰漫著醇厚的糖香，跟著將上百斤的米倒入拌桶，兩位老師傅，僅靠一根堅韌的竹竿與一條綁了繩結的粗繩就能輕易扛抬動作，看了令人嘖嘖稱奇，「所有的工具、炊斗、拌桶都是經過一番設計考量。」黃銅山指著炊桶邊把手上刻意傾出的斜角，那是為輔助搬抬重物，令

米糕桸桶是以六塊桸板組裝而成,大型的桸桶必須站在椅子上才能組裝。

繩索更牢固、避免脫落的巧思，如同所有的桶具以卡榫接合，不費一釘卻能滴水不漏，不免佩服前人的智慧與技藝。

「拌糖也有『鋩角』（mê-kak，事情的要訣）！」攪拌時不能光靠蠻力，手勢極為重要，過程中順著攪拌棍的方向與角度輕輕一轉，黏稠的糯米立刻被翻旋，才能保持米粒不破又均勻布滿甜味，這也是師傅經年的智慧累積，「年紀都大了，老了，沒有太多氣力可以浪費，就需要靠頭腦。」搶在米變涼、變硬前拌米，為的是怕溫度一降，糖水結晶後會影響後續的製作與口感，所以得一氣呵成，在師傅的轉身與妙手間，讓米糖完美融合。

製作米糕栲的工具也多經一番巧思，炊桶把手刻意打造傾斜角度（左），避免繩索輕易脫落。

每一道工序，都必須仰賴師傅們合作，也考驗著彼此的默契。

米糕栫是將甜糯米放入六角柱狀的栫桶中壓製而成，為獨門技藝。

米糕栫不是製作好就告一段落，祭祀過後還要出動師傅們親自開栫，經常得忙到深更半夜。

人情如米糕栫般，尾甘香醇，後韻綿延

　　跟著裝填、塑形與熟成，又是另一番風景。由 3 名師傅上、中、下接續完成，下方的師傅將米舀進盤中後，接力傳給居中的師傅，再遞給上面的師傅將米填滿、搗至紮實，看似簡單的動作，除了得搶速度，趕在米粒變硬前完成，還得忍受不斷冒出的熱氣與高溫，儘管手腳得俐落不能停，填充時還得將米糕壓得密實，也頗為費勁，但到此時，工序大致都已完成，師傅們的心情也稍微鬆懈下來，不時的可見他們彼此閒話家常、詼諧抬槓，趁此片刻時光維繫情感。

　　黃家米糕栫的師傅多數來自新化崙仔頂，彼此邀約利用農閒來製作米糕栫，也兼打零工，其中不乏做了幾十年的長者，早年相較於新化，府城算是熱鬧繁華之地，對他們而言，能來「城裡」休閒兼打零工，是很「鑠奇」（siak-phānn，指時髦）的事，更重要的是，在步入老年之後，還有人肯聘僱，有工作的舞臺，更是自我價值的一種肯定。而幾十年來，這群老師傅們無論與黃家或彼此間早已建立起密不可分的情感，「那才是人性中最美、最有感情的一部分！」黃銅山說。那份情感就像密閉封存的米糕栫般，愈靜置、風味愈是香醇，帶出尾甘，後韻綿延！

從炊米熬糖、拌糖、裝填、密封熟成到開栫，每一栫都有著手做的溫度，也是身體力行的實踐對神鬼的虔敬。

六塊栳板，缺一不可，牢牢穩固，就像是師傅們的情感密不可分。（李青純提供）

一群老師傅數十年的米糕栳製作，練就一身的技藝，也建立相依共存的厚實情感。

舊時普度厚禮，走入尋常百姓家

　　米糕栫以其獨具的象徵意涵，米糖的珍貴與飽足甘甜，慰勞一年一度來人間享食的好兄弟，以表至高隆重的心意敬謝神明，也作為人際網絡與社交情誼的載體，而成為普度大禮。一種食品，能以初始的樣貌，不改其味的走過百年歲月，[105] 有其歷史性與歷時性，至今於普度祭典中仍普遍被府城民眾所使用，足具文化意義與社會功能，且隨著時代環境與人群交互影響，不但持續累積也與時俱進的創新，可說是活的文化。

　　目前黃銅山除了承接廟宇訂單，維持米糕栫原本形態以應普度與祭典之需外，另方面，也致力在保留傳統工法與製作下，創新口味與包裝，研發新品，讓米糕栫朝向商品化，兼顧生計也讓技藝得以延續。

過去敬神祭鬼的「禮數」，現在也是文創米食點心，從非常到日常，讓民眾可以遇「栫」甜蜜。

此外，他更著力於文化推廣活動，推展米糕栫食的文化與信仰意涵（不僅是食物，還是敬神祭鬼的禮數），並積極讓米糕栫技藝朝向無形文化資產技術保存者文資身分邁進。

過去，米糕栫常見於建醮或普度，製作時兼販售提供早年漁民出海或商旅經商的乾糧，能食用的時機仍多配合民間信仰祭祀，可說是非常態性食品，如今，從「非常」走入「日常」，米糕栫的變身也展現在食的方式，更饒富食的意趣，除了簡單的與甜湯或八寶粥一起煮以外，還可透過不同的烹調方式，如烤、炸、煎、三杯、拌等方式變化口感，或搭配其他食材與沾醬，如起司、雞蛋、鹹蛋、海苔、椰絲、麵茶、水果、乾果等增添風味，或與結合冰品與各式醬料，如巧克力醬、檸檬醬、抹茶粉等創造豐富味覺⋯⋯，透過活動與創意發想，製作出十餘種創意料理與吃法，米糕栫從供桌上的祭品也能成為文創點心，要讓傳統美食在當代迸發出新滋味。

紮實 Q 彈的米糕栫搭配細緻鬆綿的冰品，有著令人難忘的舌尖記憶。

鋪排上烏魚子，油而不膩、入味十足，是臺南人才懂得的鹹甜味。

【米糕栫的創意吃法】

　　米糕栫不是常見的米食，更需要著力推廣，幾年下來透過各種活動邀約與配合講座，愈來愈多民眾認識府城這項特有的米食點心，更有不少民眾透過臉書粉絲頁分享米糕栫的創意吃法，讓這個流傳逾百年的食物，在傳統的底蘊裡，開出創新的繁花。

- 海苔米糕栫（原味包海苔片）
- 起司米糕栫、起酥米糕栫、餛飩米糕栫（米糕栫外包起司、起酥、餛飩皮油炸或氣炸）
- 椰絲、椰奶米糕栫（米糕栫外沾椰絲、淋椰奶）
- 紅豆米糕栫（紅豆＋切小塊米糕栫）
- 麵茶拌米糕栫（麵茶＋切小塊米糕栫＋芝麻、核桃、杏仁片等果乾）
- 馬鈴薯沙拉米糕栫（馬鈴薯美乃滋＋切小塊米糕栫）
- 烤肉米糕栫（原味米糕栫刷烤肉醬）
- 鹹蛋米糕栫（鹹蛋炒原味米糕栫）
- 蜜餞米糕栫（原味米糕栫夾蜜餞）
- 三杯米糕栫（麻油、醬油、米酒煎米糕栫）
- 米糕栫冰（搭配冰品＋巧克力等各式醬料）

普濟殿前黃家米糕栫有臉書粉絲頁，也致力經營社群，進行米糕栫的推廣。

04

常日好食

一擔傳香飄千里 度小月擔仔麵

擺渡人的度小月

提到臺南小吃，擔仔麵無疑的堪稱是代表，不僅有百年歷史，名聞遐邇，近年更打入國際市場，當年創始者一定料想不到，原本只為暫度「小月」，時光荏苒，竟成了臺南甚至臺灣的飲食翹楚，還揚名海內外。

舊時，府城與安平隔著內海相望，客貨往返皆靠船夫擺渡接送，當時水仙宮附近還有渡頭。清末，擺渡人洪芋頭，因為夏秋季節颱風多雨，水勢凶險，難以渡船出海，為改善淡季的生計，他挑起擔子在

度小月第一代洪芋頭，最初為撐過無工可做的日子，以肩挑擔賣麵度過小月。（度小月提供）

水仙宮廟口賣起「擔麵」，以度「小月」（sió-gueh，民間指生意清淡的月份為「小月」），並在麵擔掛上一盞小燈籠，寫上「度小月」3個字，據說還成為府城點心擔有招牌擔號的先例。[106] 當時鄰近的五條港商況繁盛，小吃飲食匯聚，洪芋頭的麵香出色，一賣出名，口碑極好，因商販往來而逐漸傳開。

隨著台江逢地理上巨變，滄海桑田，內海港道淤積，終至不用撐船，洪芋頭也從副業轉為正業，專門挑擔賣麵，每天晚上從7點賣到10點，就算再不景氣，也絲毫不受影響，生意興隆。當時臺灣人只有市井小民才會在露天蹲坐著吃東西，因為洪芋頭的擔仔麵名聲響亮，就連商賈士紳、文人墨客也都慕名而來，很自然的在街邊吃麵，[107] 不少文人還在品嘗香氣撲鼻的擔仔麵後，為這美味留下詩文之作。

擊缽吟會，吃麵作詩

1927年，臺南知名的詩社「南社」例會，就以「擔麵」為詩題，值東者還聘人到現場烹煮擔仔麵，邊吃麵邊作詩，創造了話題性也徵得不少佳作。如趙鍾麒（趙雲石）詩作：「五味調和玉縷珍，輕挑夜叫六街巡，南瀛食譜添佳點，一段豚香動雅人。」[108] 描寫深夜時小販在大街小巷叫賣，擔仔麵視覺、聽覺、味覺、嗅覺等的生動畫面。謝國文的詩：「麥黃米白粉條新，竹擔燈籠喚賣人。沽客夜長眠不得，酸鹹妙味說津津。」[109] 提到顧客為了等這份宵夜，竟然覺得長夜漫漫難以入眠，而在嘗到這股「酸鹹妙味」後的難以忘懷。還有詩人黃服五的〈吃擔仔麵〉：「水仙宮口夜來時，印醋蝦羹切麵宜，恰好衛生兼爽口，黑甜夢到日遲遲」。[110] 說他品嘗到一碗加了五印醋的擔仔麵後，那種滿足可以香甜熟睡到日上三竿。就連1937年，北部文人黃純青來臺南，在吃過麵後，也作詩吟詠：「大月行船小月休，一肩美味販街頭；臺南擔麵垂涎久，兩碗初嘗素願酬。」[111] 表明垂涎已久，當然得多吃一

碗，才不負遠從外地而來。難怪連橫在《雅言》提到：「臺南點心之多，
屈指難數；市上有所謂『擔麵』者，全臺人士靡之知之。」[112] 擔仔麵在
當時蔚為風行，讓人一吃難忘，其實它能夠成為詩社擊缽吟會的詩題，
形同是最好的宣傳，知名度廣為拓展，想不紅都難！

一擔傳香，百年的賣麵事業

　　一擔傳香，洪芋頭打開了他的賣麵事業，後來長子洪舉在承接水
仙宮的麵擔，更租下「金同成」街屋開店，大約在今日民權路與西門
路口附近，之後再搬到對面（今西門路與和平街街口）。洪芋頭的擔
仔麵事業分傳兩房，大房繼承「洪芋頭擔仔麵」，二房洪再來於今日
中正路原臺南州會（舊臺南市議會）對面開「度小月擔仔麵」，兩房
後代經營擔仔麵店多家，雖然不再挑擔叫賣，但仍保留低矮麵擔的樣
貌。二房經營的度小月後來更增加品項，成立「帆船牌」肉燥罐頭食
品廠，由第四代洪秀源負責，並朝向精緻化與品牌經營，擔仔麵馳名
全臺，甚至飄香海外。從最初一人小擔擴展到家族企業，將臺灣的美
味帶到國際飲食版圖。

食巧不食飽，從中窺見臺南人的點心文化

　　究竟這碗為度小月的麵有何魅力？一開始，擔仔麵只是為了撐過
淡季，臨時想出來的夜間點心。臺南人自早有「食點心」的習慣，為
了讓務農者以及在港口依海維生的工人，在正餐之間補充體力，或是
在民眾肚子餓時為止飢腸，而有點心的出現，因為重點並非飽食，所
以多半份量少，烹調簡便，從食材來看，為補充熱量而以澱粉類居多，
米麵食都有，不過因為早年臺灣仍多以稻米為主食，且麵粉價格比米
貴，所以麵粉多用來製作點心。以油麵烹煮，且份量不多的擔仔麵，
剛好作為庶民大眾補充體力或解饞，以及商賈士紳淺嘗品味的點心。

源自五條港區的度小月一擔傳香，舊址位於南河港街（西門路與民權路口處）附近。（圖為歇業前拍攝）

中正路本舖牆上高懸第三代洪振銘的照片，他接手後註冊「度小月」為餐廳商標。（翻攝自度小月）

擔仔麵一碗細巧，碗小麵少就連湯也少，可能與它最初的販賣的型式與時間有關，因為挑擔叫賣，能攜帶的器物本就有限，簡單輕便，食材也應該不複雜，小灶小碗是應當時的情境，且從「五味調和玉縷珍」也概略可知早年因麵食較少，麵條相對珍貴，加上依照早期的生活作息，當時有可能是被當作宵夜而非正餐，所以擔仔麵都是小小一碗，無法吃飽，如此，也正好符合臺南人「食巧不食飽」的點心文化。

這樣的食巧不食飽，品味的是精巧，反而愈考功力，也是臺南點心的一大特色，「你若煮得不好吃，顧客的選擇還很多，不一定得吃這家。」因此很多點心攤對食物的烹調更為講究，甚至到了展現功夫的等級，也超越了正餐的慎重態度，這也是為什麼臺南老一輩人口中的「點心」，也就是今日各式小吃，精彩與受歡迎的程度能夠凌駕於正餐之上。

精巧之下的底蘊功夫

一小把油麵放入竹麵勺置入鍋中「摵」（tshik，晃動）幾下燙到熟，放入豆芽菜汆燙後倒扣入碗，加上蒜泥、烏醋、香菜，以肉燥澆頭後，

臺南人喜歡的米粉麵，是度小月隱藏版菜單，度小月的米粉是純米製作，帶有淡淡米香。

擔仔麵小巧一碗，反映出在挑擔器具輕簡、食材有限下，麵量少的特性，也頗為符合臺南點心「食巧不食飽」的文化與核心價值。（度小月提供）

再淋上高湯,最後擺上一尾火燒蝦,擔仔麵的烹調工序不繁複,卻極有內涵。

不同於「摵仔麵」(tshi̍k-á-mī)用大骨熬湯,擔仔麵以大量的火燒蝦頭與蝦殼小火慢熬,帶出醇郁湯頭,是擔仔麵的深厚底蘊。過去,福建沿海地區就有利用蝦頭、蝦殼熬湯製成的「蝦麵」,這一味小吃也隨著福建華人的遷移而傳到馬來西亞等地。臺南附近海域因為盛產火燒蝦,以剝蝦後的蝦殼熬煮高湯,物盡其用同時增加鮮度,既是受到福建移民的飲食文化影響,也是與在地風土食材產生的共鳴。

肉燥則是擔仔麵的靈魂,攸關美味的關鍵。肥瘦適中的肉、蔥、醬油等調味,憑技術炒出香氣。臺南擔仔麵與眾不同之處,就是一旦

度小月擔仔麵的湯底以鮮蝦熬煮,甘醇馥郁,滋味濃香,是擔仔麵的深厚底蘊。

關鍵的肉燥,不間斷熬煮,越陳越香。老滷養鍋,肉燥膠質在鍋邊沉積如環狀小山。

麵條在竹麵勺中上下輕晃幾下，隨即撈出，不急不徐，姿態從容，整個煮麵過程絕對是一場視覺饗宴。

「開鍋」就不間斷的熬煮「養鍋」，讓膠質積累沉澱，醞出肉燥的烏黑透亮與油潤香氣，許多老店都認定滷汁是越陳越好，從不換洗，只添新料，新舊混合熬煮，經年保持火力、持續發酵的「老滷」，散發出的濃烈老沉，正是擔仔麵飄香的秘訣。度小月那只傳承百年的老滷鍋、養鍋文化，還令英國知名專欄作家特納（Janice Turner）讚賞不已，並分享在《泰晤士報》（The Times）。[113]

自成一套規則的處理手法，煮麵人的堅持

擔仔麵的特色不只展現在料理手法上，食材上也有自成一套的處理規則，一鍋肉燥幾斤的肉，多少糖多少醬油，比例固定到完美融合；熬一鍋湯用多少水配多少蝦殼，熬煮多久的時間才能帶出鮮甜，

長年積累下的習慣，讓撥、淋肉燥的動作在指掌間也有種特別的氣勢。

同樣精準，所以，擔仔麵的湯通常是不讓客人添加，因為一天的量都在計算之內，已達定量化；香菜只留葉子，豆芽菜揀選到幾乎齊長，蒜頭在開店前或快用完時才剁，以免產生硫化味味，醋一定要是烏醋，才能相得益彰，起鍋的麵必須條而成團如小球般，就連肉燥都要剁到顆粒大小幾近一致，攪在麵裡才能沾附在麵條上且每一口都嘗得到，吃到碗見底時還能咀嚼細微肉屑……，所有細節處理絕不含糊！最後一刻，舀上一勺老滷澆在麵上，鹹、甘、酸的滋味與胡椒的襲人香氣，五味俱全，十幾道工序的練就，是幾代傳承、煮麵人的堅持。

矮凳一坐，小攤前的一場秀，極致感官享受

　　上桌時，淺碗中倒扣的麵條在白玉色高湯烘托下展現倨傲個性，麵球上晶亮肉燥與嫣紅的火燒蝦，已經頗為吸睛了，所有的麵食小吃都是站著烹調，唯獨擔仔麵百年來維持坐著煮，「摵」麵的手法以及撥、

儘管不再挑擔叫賣，但仍保留低矮麵擔的樣貌，也延續成後來擔仔麵的形式與餐食風格。

度小月的美味與魅力，連外國客人都難以抵禦。

淋肉燥的姿勢，在開放式的爐灶前展演，煮一碗麵的過程，看得出煮麵人的專注與俐落，眼前彷彿現場實境秀，光看就很過癮。難怪日治時期，新聞界名人陳逢源在他的文章裡就提到，擔仔麵與其說賣麵，倒不如說是藝術表演。[114]

擔仔麵煮法獨特，吃麵時也有意趣，從舊時蹲在擔仔旁到今日許多人依然喜歡坐在矮凳吃上一碗，似乎不會有人嫌座位侷促簡陋，對此吃法有特殊興致的清末進士許南英便說：「喫擔仔麵而不蹲在擔旁，便不夠味道！」[115]在小擔前隨興而坐，欣賞一場煮麵秀後，再小口細嚼，擔仔麵提供「視聽味嗅意」的享受，是它最高的境界！

小擔傳奇，風靡百年

如今，擔仔麵在全臺各地皆可見，無論街邊店家或餐廳飯店，甚至邁向國際市場，多數仍充滿一種歷史感與懷舊況味，燈籠、矮桌椅凳、低灶小爐、坐姿煮麵，成了擔仔麵最鮮明的標誌，而食材與湯頭大抵也如出一轍，今日的擔仔麵依舊是小小一碗，湯也少少，成為其獨特風格，彷彿不依著這套標準，扛下「擔仔麵」的招牌便要遜色幾分。

小小一碗麵，走過因陋就簡，有文人為它賦詩作詞，雅俗共賞的飄香千里，擔仔麵風靡百年，恐怕不只在煮與食之間，更在品味一碗傳奇韻致。

承載人情盛意的 滷麵

臺南人的生活總少不了滷麵，無論嫁娶、做壽或喜慶時，幾乎是不可或缺的主角，「以前要吃一碗滷麵，通常要家中或厝邊庄內有喜事！」經常在辦桌時也同時為主家製作滷麵的辦桌師傅蘇嘉進說。早年烹調方法較簡單，一般家庭常日飲食主要以煤（sah，煮）、燙或炒，只有在特殊場合或時機，才會用如「牽羹」（khan-kenn）等比較複雜的烹調手法，[116] 以羹湯芶芡的滷麵多出現在婚壽喜慶的場合，可說是臺南人的節慶食物，既滿足了口腹，也分享與傳送盛意。

嫁娶拍（phah）滷麵，承載人情、分享喜悅

臺南嫁娶讓人印象最深刻的，除了繁縟的儀俗與豐厚的妝奩外，就屬滷麵的滋味！早年交通不便，在完聘當日，為體貼男方親友送聘遠道而來，或因趕時辰而延誤用餐，女方會以聘禮中的食材煮成滷麵給男方親友當點心。而在農業時代，籌辦一場嫁娶宴客不是件容易的

至今，拍滷麵仍是臺南人文定或結婚當日十分重要且具象徵性的飲食儀俗。

勾芡的滷麵裡，添加的是當時豐富的食材，表示宴客的豪氣與主人家的心意。

事，往往需要鄰里出人出力，協助張羅，一碗滷麵也是答謝前來「鬥跤手」（tàu-kha-tshiú，幫忙）的親朋鄰居，因為需根據來客人數安排食材，以免份量不夠失禮於人，或準備太多造成剩餘與浪費，因此得要仔細打算，閩南語「拍（phah）」有「拍算（phah-sǹg，打算）」之意，所以才稱為「拍（phah）滷麵」。

相傳漳泉一帶昔日辦宴席，因為擔心客人吃不飽，會以滷麵壓軸，早年臺灣南部，關廟、歸仁等地，喜宴也有出滷麵的習俗，是展現主人家的誠意，吃巧也吃飽，以求賓主盡歡。如今，臺南嫁娶時仍會請廚子（tôo-tsí）拍滷麵，讓陪嫁或工作人員在忙碌之餘充飢，也分送給鄰里告知家有喜事，共享喜悅，同時也作為婚宴籌辦期間，吵擾到鄰居的一種致意。早年，鄰里間在接下一碗滷麵吃過後，在歸還空碗時還會隨手從家中抓幾把米或豆（通常是土豆）放在碗中作為回禮，順道說幾句吉祥話，如「食土豆，食乎老老老」表示祝福，是一碗滷麵牽起的禮尚往來與世故人情。

慶生賀壽，「神明生」時更不忘來一鍋，酬神饗人

在臺南，逢長者壽宴或神明誕辰，總也少不了來碗滷麵。府城士紳辛西淮的五女辛永清在她《府城的美味時光：臺南安閑園的飯桌》一書中，就提到父親生日時，家裡一定會煮「什錦全家福大麵」來慶祝。[117] 而筆者童年時看外公做壽，桌上通常也會擺一道滷麵，[118] 用料豐沛（phong-phài，豐盛），色彩繽紛豔麗，看起來十分討喜，在賀壽之時添了好意兆。

滷麵更是神明誕辰時最豪華的麵食，臺南許多廟宇在神誕慶典當日準備滷麵幾乎已成慣例，是民間信仰裡重要的飲食文化，往往也是信徒最期待的事，如首廟天壇在農曆正月初九「天公生」時以滷麵招待信眾，隆冬裡，為盼那碗熱呼呼、彷彿神明「加持」過的滷麵而大排長龍的景象幾乎年年上演。勾芡的羹湯裡添加多種食材，廟裡端出最好的敬獻神明，在祭祀過後供信眾享用，象徵喜慶長壽，既酬神也饗人。

不僅如此，滷麵也是廟會活動裡必備的餐食，臺南的遶境或刈香，為慰勞參與的陣頭人員與隨香民眾，沿途點心與飲食供應通常不間斷，由於賓客如流，較難精準計算參與的人數，所以主辦宮廟多半傾力張羅，寧多不少的大量準備，且為讓陣頭人員與香客能快速用餐，繼續趕行程，滷麵只要事先製備好，現場熱羹一澆，就是迅速可上桌，簡便又容易飽足的一餐。

報喜菜，食材重意涵

滷麵有傳遞與分享喜訊之意，又稱「報喜菜」，尤其嫁娶時的滷麵，是用來招待親友，食材豐盛與否，請來拍滷麵的人廚藝優劣都攸關著主人家的面子，所以不但強調要有取意好采頭的白蘿蔔、象徵永結同心的包心白菜、年年有餘的魚漿，以及木耳、香菇、扁魚、蝦米、

紅蘿蔔、豬肉、蛋等囊括山海之味，寓意吉祥的食材，有時主家還會吩咐將食材切丁，取「添丁」之意，甚至連掌勺人都還得是擅於此味的一時之選。

而為神誕賀壽的滷麵，食材或因各宮廟而略有差異，但囊括豬肉羹丸、白菜木耳，也少不了蝦米、柴魚添香提味，同樣稱得上是山珍海味。就連廟會時講求方便快速就能飽餐一頓的滷麵，用料或許稍微簡約，但調味上也絕對是濃郁精心。

婆婆媽媽的私房菜

早年喜慶時，拍滷麵的任務多半交給家中女眷或鄰里間擅於煮食的女性統籌，換句話說，負責牽羹的人通常是來自家裡的婆婆媽媽，

過去滷麵較少見於市面，屬於「小眾」小吃，現在臺南有多家專賣滷麵的店。

早年滷麵是節慶食物，今日已轉變為日常佳餚。（圖為民族路阿浚師魯麵）

堪稱得上是隱藏在家庭的私房廚藝。早年臺南更有種說法，「拍滷麵」還是富戶人家媳婦的必學功夫，因為滷麵逢喜慶才會出現，當下更得仔細打點、面面俱到，從張羅採買到最後下了重本的那碗滷麵，展現的不只是一家女性的理家能力與廚藝，還有隱含在背後的人情交陪與自家臉面，可是一併都融進羹湯裡。

烹調費工夫，小眾化小吃

不同於其他臺南小吃，過去滷麵在市面上較少見，屬於「小眾」小吃，多家業者都表示，除了傳統習俗將滷麵視為節慶食物外，主要仍在於烹調十分費工夫。扁魚得先小火慢慢煸到褐色卻不焦黑，去除腥味，逼出香氣，豬肉裹上魚漿製成肉羹（或直接魚漿製成魚羹），再將香菇、木耳、紅蘿蔔、白菜等一起勾芡熬煮，調味得好不好，配料、湯汁與勾芡的比例濃稠適度，則是另一個講究重點，最後還要打上蛋花，提味也增加視覺美感，吃之前，於燙好的麵條淋上羹湯，再加上蒜泥、烏醋與香菜，也有再添上一尾象徵喜氣的蝦子，就是道地的臺南滷麵了。

府城的阿浚師滷麵、阿娟滷麵、阿婆滷麵，歸仁、關廟的阿美與川仔滷麵，以及灣裡市場裡的無名滷麵，都是知名的滷麵，這些業者有的本身過去是辦桌師傅，因辦桌淡旺季明顯，趁著空檔兼賣滷麵維持生計，到不知覺的培養出忠實顧客，也有同時包辦地方神明誕辰與民間嫁娶滷麵，逐漸轉變為日常佳餚的滷麵，喜慶的底蘊依舊很強。

滷麵多用油麵搭配，Q滑軟彈的口感一般認為最適宜，且油麵為熟麵，吃之前只要再稍微燙過，甚至直接淋上羹湯即可，也比較符合喜慶場合無暇再分身煮麵的景況。不過臺南南關線一帶 [119] 有以白麵煮製的滷麵，尤其以生產、曬麵出名的關廟，因關廟麵興盛，受到地方產業的影響，滷麵通常搭配關廟麵，形成在地特色。

過去，滷麵多由家家戶戶自行烹煮，現在則由專業的料理師傅操刀。（圖為歸仁辦桌師傅蘇嘉進）

　　若是麵與米粉很難選擇時，當然就是來碗一半米粉一半麵的米粉麵，這樣的品項通常不在業者的菜單上，卻是很多臺南人喜愛的吃法，米粉的爽口與油麵的滑溜，彼此互補卻不互搶風采，再加上豐郁的羹湯，特別的口感讓人著迷。

　　一碗滷麵，豐儉由人，口味酸甜輕重有別，客隨主便或自顧自的找到合自己心意，既是美味也都是人情與盛意！

無論是傳情致意或滿足口腹，滷麵在非常與平常的時刻，展現飲食的華美。

現在許多活動場合中的滷麵配搭愈來愈多樣且隨意。

鹽水知名「阿」字輩的 阿桐意麵

　　無論本地人或外地客，在鹽水，來碗意麵是再尋常不過的事，從作為當地人的日常餐點，或是讓旅客到此一遊時非品嘗不可的地方美食，鹽水意麵穩如泰山般的固守這一地，牢牢抓住顧客的胃。而說到鹽水意麵，不免令人想起當地那數家名有「阿」字的鹽水意麵店。

鹽水阿桐、阿姬、阿三、阿妙，幾家「阿」字輩意麵出自同一家族。

1946 年啟業的阿桐意麵，原本開在鹽水點心城，後來搬遷到現址，是當地知名的老字號。

「阿」字輩鹽水意麵

日治時期，在鹽水的福州師傅，以鴨蛋與配給的麵粉製作全鴨蛋意麵，販賣維生，令鹽水意麵逐漸發揚。戰後，陳阿水與陳阿杉兩兄弟學得製麵功夫，擺攤賣麵，分家後陳阿水的子女分別開「阿桐意麵」與「阿姬意麵」，陳阿杉這房開了「阿三意麵」與「阿妙意麵」，[120]至今仍是鹽水當地頗負盛名的意麵業者，從早年自製自銷，隨著生意漸興、無暇顧及、或因經營上的考量，改為小規模製作或專注經營麵店。

從專業製麵到專心賣麵的阿桐意麵

　　熟練的抓起一團生意麵（濕意麵）放入麵勺，在滾水中晃動煮熟，置入碗內，再交由一旁的副手調味、放入豆芽菜、淋上肉燥、醬汁與蒜泥，就成了一碗噴香的意麵，這是阿桐意麵標準煮麵的 SOP。

　　阿桐意麵在 1946 年開業，是鹽水頗早啟業的意麵業者，店主陳永桐承襲父親陳阿水的製麵手藝，早年原也自己製作意麵供應店裡之需，後來隨著生意忙碌，應付不及，便收起麵廠，專心一致在麵店。

　　「煮麵要依照麵廠給的麵控制時間，煮麵水還要常換，一天至少都換 5、6 次，工程也是很浩大……。」每一批意麵的厚薄、水分含量都不一，得視麵況拿捏下麵的時間；意麵上通常帶有防沾黏的麵粉，

目前交由第 3 代掌勺，專心經營麵店後，煮麵與上菜更朝向 SOP，才能應付不斷上門的顧客。

肉燥，充滿迷人魅力，可說是整碗意麵的靈魂！

乾麵魯蛋透出油亮
色澤，既要入味又
不死鹹，除了肉燥
一定要自製外，滷
蛋也要反覆過滷。

所以煮麵水要勤換，不像許多麵店都是不斷加水稀釋，阿桐意麵堅持整鍋全換，而煮麵檯上更永遠維持兩鍋沸騰的水，麵在第一鍋水煮熟後，再過第二鍋「清洗」，確保粉味完全去除，麵條才會清爽，吃起來風味更好。從一條龍自製自銷，轉型到單純經營小吃麵店，阿桐更加專注於麵條的烹煮。

引味靈魂的肉燥，自製自滷

講究的還有肉燥，那是引出麵香的關鍵。其實每家麵店都有獨家的肉燥口味，往往也是精妙之處，就算兩家店的配方、比例相同，做出來的肉燥卻不盡然同味。阿桐意麵的肉燥配方出自上代之手，味道雖然隨著現代人口味略有調整，食材的選擇與處理卻一律不變。為了掌控品質，不讓瘦肥不一或不確定部位的肉品壞了肉燥的口感，胛心肉得買回來親手絞、自己煮，油蔥更只用臺灣生產的，香氣才會足，以油蔥、醬油、油膏、冰糖、白砂糖與絞肉混合炒過後，加水入鍋，在時間熬煮下散發醇香。肉燥的味對了，驕傲的展現店家獨特性格，也有滿足眾人之口的隨和。

意麵之外的其他「配角」，同樣不馬虎，滷味的滷汁少不了冰糖、醬油、中藥滷包，都是自滷自熬。湯麵的高湯以大骨、蔬果帶出清甜氣味，無論加在意麵或搭配其他食材做成湯品，兩相都宜。

福州小吃，在這裡發光，罕見的肉燕湯伴隨意麵，吸客前來

多數鹽水人來到阿桐意麵，不會錯過的還有肉燕酥，據說是源自福州的小食，以雞蛋調過的麵粉皮包上鮮肉混魚漿的內餡，入鍋油炸到酥脆，因狀似燕子而名，相傳過去在福州地區，是年節及婚喪壽宴上的大菜。在傳入臺灣後，或許因為不多見，所以成了鹽水的另一項特色小吃。阿桐自製的肉燕酥可淋上肉燥或滷汁乾吃，更精妙的吃法

是做成肉燕湯，為了保留外皮的酥脆口感，通常直接於事先炸好的肉燕沖入熱湯，放涼的肉燕酥載浮載沉的在熱湯中泡到半軟還帶點硬脆的口感，「有人就很喜歡那種要軟不軟的口感，嫌冷，但每次來還是每次點。」嫌貨才是識貨人，也只有常來店裡的熟客才會有此心境。「肉燕是道讓人又愛又恨的食物，也有人買回去自己用烤箱烤了吃！」，老闆娘吳惠燕透露。那又是另一種懂吃的人。

那一度在小鎮觀光熱以及近年遊客的口耳相傳下，假日店裡才會湧入遊客，平日的顧客幾乎都是當地人，阿桐意麵的存在，為的是鹽水人的常日餐食，能應付一日三餐，就是實力！

老闆娘說這一味，愛的人很愛，不少當地人也是衝著一碗肉燕湯而來。

從鹽水向外出走的 鹽水意麵

　　相較於吃一碗麵的純粹，意麵的身世顯得複雜許多。

　　意麵的由來說法紛紜，其一，據說由於師傅在擀麵時必須用力，隨之發出「噫！」「噫！」的聲音；或說源自清代官員伊秉綬於府邸所創的麵條，伊府製麵，所以初稱為「伊麵」，因讀音相近訛傳為意麵；日治時期民俗學者片岡巖則提到「玉麵」又稱「薏麵」，是以麵粉摻雞鴨蛋的蛋白加入雞內精汁製成（日文漢字「玉」，有「禽蛋」之意）；[121] 也有說加了蛋的意麵，呈現鵝黃像「如意」般的色澤而名。[122] 另有一說，鹽水製麵老字號「萬美商行」先祖，將魚漿混入麵中製成魚麵，後因漁獲短缺改以當地盛產的鴨蛋，而改稱意麵。[123] 歷來許多對意麵的探

生意麵不耐存放，南部的艷陽造就製麵產業的發達，也延長了麵條的保存。

究與說法，也可見意麵受關注與喜愛的程度。

因為加了蛋的意麵容易腐壞，早期並非常見，是特殊節慶或場合的飲食，據片岡巖的觀察，過去的意麵甚至是作為宴席的菜色出現，並非一般人所能負擔得起的食物。[124]

向福州人學藝，專業生產的范楠意麵

一般認為臺灣的意麵最早來自鹽水，早年曾有數家製麵廠，如今多數仍維持小規模自製自銷，當地的「榮宗食品」雖非啟業最久，卻是目前鹽水較具規模的專業製麵廠。

經營超過一甲子的「榮宗食品—范楠意麵」，老闆范榮楠最初在新營學做白麵、黃麵與粿仔條，開業後也自行研究做意麵，某次妻子張碧在送粿仔條到福州人開的麵店時見到生意興榮的景象，發覺福州人的製麵方式不太一樣，「為什麼人家的麵那麼受歡迎，而我們做的意麵人家都會嫌……。」起初自家做的意麵並不受好評，腦筋動得快的她仔細觀察福州人做麵的程序，經向福州師傅學習並掌握到醒麵訣竅，回來後與先生嘗試改良，不斷的煮麵試吃，才做出光滑Q彈、麵體又薄的意麵。

高筋麵粉、水、少量的鹽與無水碳酸鈉，再加入黃澄澄的鴨蛋，攪拌成金黃色的麵糰，鹽水意麵的特色在於添加氣味比較濃厚的鴨蛋，也增加麵的黏著與勁道。事實上，在現代養殖場興盛之前，鴨蛋比雞蛋普及，因此早年製作多採用鴨蛋，儘管到了現代，鴨蛋價格平均都已高過雞蛋，但范家仍維持以鴨蛋製麵。為了讓麵胚彈韌有勁，除了憑經驗拿捏水分外，還要久打出麵粉的筋性，從麵糰到揉壓成片狀，至少得反覆壓延5到6次後才可以進切麵機切成細長條狀。過去沒有機械代勞時，完全得靠師傅徒手搓揉成緊實成麵糰、輾薄再分切，可想而知其費力與辛苦。

完成的麵條稱作濕意麵或生意麵，大多批發給麵店現煮現吃，做好後得儘快入冰庫保鮮，防止醒麵發酵過頭而影響口感，而乾的意麵還必須經過絡麵與曬麵，才能長時間保存。將一把把的麵在手中捲成一絡一絡的團狀，跟著一氣呵成準備上架曬麵，「很多人不知道，我們是完全看天吃飯！」張碧說。

經日頭曬過的麵條，才有特殊香氣，儘管將麵逐一的鋪排在竹篩上，要日曬 2 至 3 天，過程中還得頻繁巡視曬麵場，不定時翻麵，使麵條裡外都能獲得充足日曬，達到水分均勻散失卻不硬脆的程度，徒手進行翻麵十分耗費時間與體力，但仍不改用機器烘乾，「天然的日曬絕對會比室內乾燥機烘的麵條還有嚼勁，在水煮時也比較好掌控不容易爛、吸收醬汁後不會黏糊。」經日頭曬出來麵與一般烘焙的麵條，下鍋煮立見真章，這也是為何范家始終保持一貫的堅持，也讓日光帶出這股麵香。而為了讓自家悉心做出來的麵能好好接受陽光洗禮，幾年下來更耗資不菲的在巷內搭建了多間曬麵場。留意著每天氣象，「搶日頭」的曬麵，數十年如一日，也衍成倆夫妻如麵般細膩情長。

不同於其他麵條，鹽水意麵加了鴨蛋，張碧說，鴨蛋比雞蛋有黏性，能讓意麵更 Q 彈有勁道，這也是鹽水意麵的特色。

麵條要彈韌有勁，得先費一番工夫打出筋性，之後才能送入機器切成條狀。

麵條製好，得趕在中午前絡麵，將一把把的意麵徒手捲成一絡絡，放置在竹籬上。

　　訪談期間，不時有散客上門買麵，張碧自豪的說，這是他們努力的成果，才能讓隱身在小巷弄的麵香遠颺。為了確保品質與出貨新鮮，營業至今，製作的意麵除了供貨給鹽水與外地各大麵攤外，幾乎不在市面通路販售，只能當地購買或於電話訂購，即使在自我要求下總量控管生產，麵廠一年到頭卻依然忙碌。

　　製麵超過 50 年，人生都放在製麵上，不累嗎？張碧說，只要想著做好一件事，「力氣就來了！」

無論豔陽天或陰天，都得密集巡視，視日照強度、風力、空氣溼度，適時的翻麵，麵體才能曬得均勻。

每一批麵粉的濕潤度都不同，除了依著季節不同與日照長短來拿捏曬麵時間，還得憑多年經驗判斷。

范家搭起網室，並以特殊的帆布為幕，能引光又防塵也避免污染。

范楠（圖右起）與妻子張碧白手起家，胼手胝足的打造出自己的意麵事業。

像麵不是麵，愈嚼愈有味

豆簽羹

　　早年，在鹽水很風行的，還有豆簽羹。豆簽是以米豆磨粉加工製成，外型如籤狀，或稱「豆籤」，最初是泉州安溪一帶的民間小吃，相傳過去安溪人曾到南洋討生活，在返鄉時帶回番仔豆，以此發想製作成豆簽。豆簽製作技術隨著移民傳到臺灣，至少在日治以前就已是民間普遍的食物，在《安平縣雜記》裡有提到「做麵司阜：用小麥麵粉做麵線、大麵，用豆粉做豆簽。」[125] 當時已有專業製作豆簽。

米豆好種植，且比米、麥容易取得，是很典型的農村食物。

窮人家的麵條，滿足吃麵的渴望

過去，南部的農民在稻子收割後，會種植豆類作為綠肥，米豆生長期短且蟲害問題不嚴重，從播種到收成只需 2 個月，因此成為農戶常種的作物之一。

鹽水農民通常在一期稻作與二期稻作的間歇期，約 4 到 6 月間種植，於端午前收成，新鮮的米豆正巧趕上包米豆粽子，或於常日裡煮成米豆湯，「春夏交替時容易感冒，早年都會煮米豆湯，在湯中加很多胡椒，用胡椒來出汗治感冒。」地方耆老說，加了厚重胡椒的米豆湯可暖身驅寒，是鄉下人家治療感冒的偏方。而在物資不豐的年代，將米豆磨粉和在麵粉裡製成豆簽，既節省了麵粉的用量，豆類的高蛋白質，也適時的補充體力，所以成為農家重要的果腹點心，「這早年散食人（sàn-tsiah-lâng，窮人）的麵。」一碗清煮豆簽，滿足了買不起麵粉，吃不起純麵條的人家對吃麵的渴望。此外，過去在颱風季節，食物缺乏時，將豆簽加上絲瓜煮成湯，就是一道菜餚。

過去農家煮豆簽多以絲瓜或瓠瓜為配料清煮。

「以前當孩子時經常吃，吃到都會怕。」土生土長的老鹽水人陳進明說，豆簽從最初以

米豆為原料,到後來也有用其他豆類,如豌豆、脫殼紅豆加工製作,可說是農業時代餐桌上出現頻率很高的食物,後來生活富裕,飲食豐富了,尤其對身處都市或年輕一代的人來說,豆簽反倒變陌生,甚至被認為是罕見的特產。

製作工序繁瑣,豆簽日漸式微

豆簽的製作與麵條大致相同,過去鄉下的農戶大多自種自製,曾經做過豆簽的陳進明說,早年設備與技術不佳,做豆簽的米豆得先曬過,卻不能完全乾燥,還必須保留一點水分,才能避免磨粉後四散,難以集粉,為了讓豆粉成型,在攪拌揉合時還得憑手感判斷黏著度,適量添加麵粉,之後桿壓、對折、過切成籤狀,再經日曬到全乾,全

豆簽看起來像麵,卻不是單純的麵,以米豆製成的豆簽,比一般麵條短、薄,質地也不像麵條易斷,頗為耐煮。

程得數道繁冗工序，才能完成比一般麵條短小輕薄，帶有豆香的豆簽，「實在很『厚工』（kāu-kang），所以愈來愈沒什麼人要種要做！」米豆原本就有季節性，加上能運用變化出的料理不多，經濟效益不高，導致種植日趨減少，而過於繁瑣的製程令人卻步，肯在家費功夫做豆簽的人愈來愈少，也讓後來米豆衍生出來的豆簽一度差點瀕臨消失。

從家庭餐食，走到市面販售的豆簽羹

陳進明很有感的說起對豆簽羹的觀察，他也是早年販賣豆簽羹的業者之一，從原本只是農戶在家中以絲瓜或瓠瓜煨豆簽當午後半晌的點心，到製作成豆簽羹上市，後來還成為膾炙人口的地方小吃，幕後推手正是陳進明的父親陳水傳。

豆簽就像蛋白質含量高的麵條，口感軟而不爛，相當特別。

　　陳水傳[126] 原本於鹽水市場外的「樓仔」開設「一四七食堂」，[127] 販賣套餐與日本料理，因早年賒帳的消費習慣，經營不擅而倒閉，戰後，轉往伽藍廟口販售皮刀魚米粉、土魠魚羹、土豆仁飯、四腳仔魚羹等季節性小吃，當時廟口市集人聲鼎沸，小吃攤生意興盛，為推陳出新，陳水傳將容易取得的豆簽加上虱目魚、蚵仔等勾芡煮成豆簽羹，

無論是絲瓜或瓠瓜、越瓜，都是過去煮豆簽少不了的食材，如今添加海鮮，更名符其實的成為滿溢的山海之味。

豆簽羹一定得現做才會好吃，攪動鍋裡羹湯時的手勢也極為重要。

出乎意料的大受好評。

　　不同於過去製作豆簽的方式，陳水傳除了豆粉與麵粉外，還加入
鴨蛋去澀，讓豆簽軟滑順口，傳到陳進明手中，他更講究豆簽的比例，
「後來交由工廠製作，豆簽做好我還要檢查透光度。」豆粉少了麵粉
無法成型，但麵粉太多，口感則太軟，形同在吃麵，如何讓看起來像

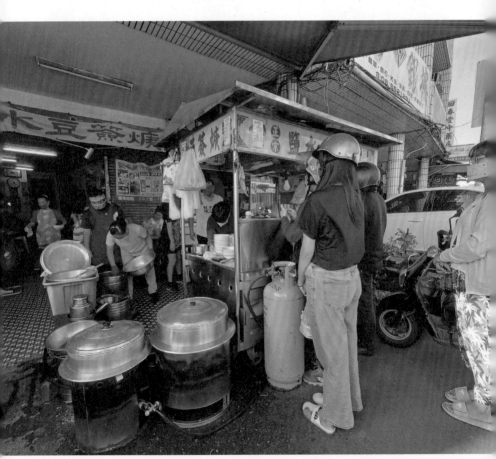

位於朝琴路上的鹽水豆簽羹，小小店面經常客滿，還是今日鹽水人的排隊點心。

麵卻不是麵的豆簽，入口就有濃郁的豆感，又要如麵條般筋性延展不易斷裂，試過多次，才抓出豆粉與麵粉七三比例的最佳口感。

陳進明同時從事辦桌，無暇分身再顧及小攤，後來將豆簽羹生意傳交給妹妹李秋桃、范漢祥夫婦打理。位在鹽水朝琴路伽藍廟旁的店面，每天下午開始營業後顧客便絡繹上門，「本來有幾家在做，後來剩下我們，因為我們都現煮。」李秋桃強調現煮的豆簽羹，若少了那股氤氳熱氣，美味大打折扣，這也是何以這家小店經常大排長龍的原因。而且一次只能一鍋的分量，無法多煮，以免久候糊化，因此在店裡不時能看到煮豆簽羹的畫面。

以蚵仔、虱目魚熬煮出鮮濃湯底，放入刨絲的瓠瓜增加清甜，再加入豆簽後，以番薯粉勾芡並調味，最後下蒜頭酥、蔥頭酥，上桌前灑上胡椒、香菜、烏醋提香，滑順甘甜的豆簽羹在傳了數十年後，依舊征服鹽水人的味蕾。

嘉南平原上大口飽足的 豆菜麵

　　豆菜麵也是在臺南以外少見的麵食，偶爾在外縣市看到，招牌上多半還會冠上「新營」2字，似乎標誌著這是出自當地的美食。事實上，嘉南平原上包括白河、六甲、下營、柳營、大內等地皆可看到這項小吃，且各有一套屬於在地的源流與說法，不過，不像臺南其他風靡的食物，豆菜麵似乎平實到無人去爭議究竟源頭是誰或者哪家最久。豆菜麵的飲食脈絡雖已難考究，但從其食材內容（麵條與容易萌發且便宜的豆芽）與作法，為果腹而非講究的豐富與精緻，是豆菜麵的最大特色，應該是典型農業時代下的產物。

本身已經是熟麵的豆菜麵可以淋醬直接吃，也能加入羹湯中。

簡單淋上調製的蒜頭醬油，稍微攪拌，就是一碗爽口宜人的豆菜麵。

盛行在農村的麵食，大口吃也不怕

　　豆菜麵其實就是黃麵，與油麵的成分、作法十分相似，只是麵條較為扁平且薄，口感稍軟，帶點獨特的風味。臺南人習慣吃的時候添加豆芽菜，應著在餐桌上的呈現才有了豆菜麵之名。

　　通常豆菜麵在製作好時就已煮熟放涼，在上桌前添加一把燙過的豆芽菜，淋上調製的蒜頭醬油，稍微攪拌，就是一碗爽口宜人的豆菜麵。「豆菜麵就是食粗飽！」沒有鋪張奢華的配料，豆菜麵的單純質樸，讓人不由自主的大口貪吃。早年嘉南平原一帶的農人或勞動者為應付勞力工作，早餐必須得飽食，所以便宜快速且又具飽足感的豆菜麵就成了最佳的早餐，農人下田，挑夫或工人也能帶著吃，而當農忙需要鄰里相互幫忙，或在廟會活動時，豆菜麵更是最好的回饋及分享餐食。

白河吳家（永安）豆菜麵，當天現做，自製自銷

　　普遍被當作早餐的豆菜麵，早年幾乎都由賣麵業者自行製作，繁瑣的前置工作，加上過去冷凍設備不普及，只能當天現做，許多業者不堪負荷，後來轉由向製麵廠拿麵，如白河吳家豆菜麵（永安豆菜麵）這般仍堅持自製的業者也愈來愈少。

　　為趕得及一大早做生意，每天凌晨 2 點，當別人還在酣夢中，吳家第 3 代吳建明已經起床開始做麵。由於豆菜麵的用料與烹調並不複雜，麵體口感便成了至要關鍵，吳家的豆菜麵採粉心粉（粉心麵粉）製作，麵條更為細緻且顏色不容易產生褐變，再依著夏季、冬季添加不同的水分，並掌控醒麵的時間，才能做出軟滑又不失嚼勁的麵條。吳建明說在麵粉一度大漲時，曾想過將價格比較高的粉心粉換成一般中筋麵粉，試了幾次，製作出來的麵卻連自己都無法喜歡，口感不達標準，無法說服自己只能作罷。

製作好的麵，煮熟還得在工作檯上放涼。

　　豆菜麵製作好了，還得經過煮麵。許多人認為的只要水沸騰就可下麵，吳家卻不這麼認為。時間與水溫攸關著麵條糊化與口感，過與不及皆不是，「較『粒』（liap，口感較硬）較『爛』（nuā），客人都會向我們反應。」重視時間與水溫，做麵、煮麵一樣有學問，這是傳承 3 代製麵才懂的江湖一點訣，為了讓煮出來的麵達標準化，後來更改用自動煮麵機降低每日誤差，有了機器的輔助，加上多年的經驗判斷，讓簡單的豆菜麵，愈咀嚼愈能體會平淡又奧妙的滋味。

　　前端的訣竅抓緊了，後續也就事半功倍。新鮮麵條每日數次從自家麵廠直送白河市場裡的攤位，淋上以大骨高湯、豬脂、醬油與蒜頭熬製的醬汁，再配上一碗肉羹，或一份口感彈軟的骨仔肉，就是白河人吃了幾十年，能補充體力、最有元氣的早餐。

拌豆菜麵的醬料得濃稠度合宜，豆菜麵因為輕薄，瞬間就能吸附醬汁，帶出美味。

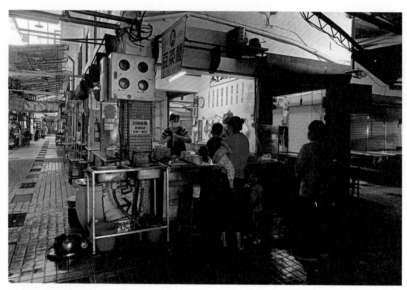

吳家豆菜麵位在白河市場內。

吳家豆菜麵店（永安豆菜麵）的價目表是出自書法家陳世憲之手，別具風格特色。

豆菜麵、肉羹、再一份口感彈軟的骨仔肉，就是白河人吃了幾十年，能補充體力、最有元氣的早餐。

豆芽菜爽口，搭配麵條，十分適合炎夏食用。

添加了魚漿的肉羹，有魚肉的鮮甜，且不澀口。

你是哪裡人？包進潤餅的麵條

不只如此，早期豆菜麵或許實在是太風行了，在嘉南平原，特別是溪北（指曾文溪以北）的新營、新營、白河、六甲一帶，普遍還會將豆菜麵包進潤餅裡，據老一輩的說法，當地早年多務農，需要大量體力，潤餅裡除了包菜、肉外，還會包進麵條，為的是比較能吃得飽，也頗為符合豆菜麵的冷食方式，事實上，臺南府城（指原市區）以外的地區，也有在潤餅裡包麵條的飲食習慣，只是在豆菜麵盛行的新營、

吳家是少數仍維持自製自銷的豆菜麵，難怪可以傳香至今。

白河、六甲，豆菜麵自然成為潤餅餡料的食材。許多飲食的內容往往透露出與地方物產的關係，盛產什麼包什麼，是再自然不過的事，如臺南潤餅常會放的皇帝豆，也是因為早年盛產之故。「餲（kauh）豆菜麵的潤餅」，很明顯的因盛行而有了地域區分，甚至擴散形成一股飲食趨勢，也敘說著飲食文化與環境背景上的差異。

「現在吃豆菜麵的人少很多了！」吳建明說，相較於過去，如今豆菜麵的銷量明顯減少，與過去阿公父親製麵時早已不可同日而語。農業社會裡仰賴的餐食，時至今日，各種添了豐富配料的麵食琳瑯滿目，豆菜麵依舊不改它的簡約，無論是素雅一碗的上桌，或「餲（kauh）」進餅皮，吃的不僅僅是麵，還是地方風情與記憶！

若覺得豆菜麵太過單調，可來碗麵羹，吸飽湯羹精華的麵條，更顯滋味豐盈。

錦雀阿姨的 蝦乾店

青鯤鯓的豔陽與海風,是上天給這裡靠天吃飯的行業最大的恩賜,錦雀阿姨在自然天候中,更深切感受到隨著四季的生活節奏。

錦雀阿姨是青鯤鯓製作蝦乾的能手,位在青山魚港前、南 26 線道旁一間不起眼的小屋,是她開的蝦乾店,而開店關店全得看天,是小店的最大特色。

靈機一動,曬火燒蝦乾第一人

1949 年出生,人稱錦雀阿姨的林錦雀,年輕時原在織布廠上班,因媒妁之言,26 歲從學甲芧仔寮嫁到青鯤鯓,從看慣田野鄉舍到眼底截然不同的濱海漁村,初來乍到時也有著極度的不適應。錦雀阿姨的

錦雀阿姨的蝦乾店,開在南 26 線道旁,不起眼的小店,稚拙的招牌,卻內藏美味。

公公王天佑經營冰廠、烏魚子製作與蝦仁處理,她自然的也被納入成為自家工廠勞動力一員,從對海鮮從一竅不通到瞭若指掌,逐漸能掌理全局。

民國 80 年間,高雄某大冷凍食品廠做粥品,用的幾乎都是王家的蝦仁,一次上千斤的叫貨,為應付供貨,工廠裡 3 百多名工人剝蝦的聲勢與場面,如今說來仍彷彿歷歷在目。當時蝦源穩定,飲食小吃業用量大,儘管不愁沒有銷路,然而,頗有危機意識的她,某天如往常般的在工廠工作時,心想,如果有天食品廠不再用她家的蝦仁,那麼盛產期過於集中而且量大的蝦子該怎麼辦?靈機一動才想到把自家的蝦仁曬成蝦乾。

以最天然的日曬加風乾製作的蝦乾,保留鮮蝦的濃郁原味,又帶著厚實的嚼勁,火燒蝦乾一炮而紅,曬蝦乾後來還發展成青鯤鯓的產業,只要冬季走入這裡,隨處可見剝蝦人與紅通通的蝦乾平鋪在路邊

屬於水域之內的青山漁港,外有青山港汕為屏,三面臨水,港區風平浪靜,景色優美。

空曠處，把整個小漁村的路面染成一片通紅，蝦乾成了青鯤鯓的名產之一。錦雀阿姨說她可是第一個把火燒蝦曬成蝦乾的人，那一陣子在電視媒體的推播放送下，她還成了當地街知巷聞的紅人。

斤兩不用精，處理曬蝦

錦雀阿姨的火燒蝦都是直接跟漁船預約或向好友吩咐，交友廣闊的她，北從金山、西濱沿海、南到馬沙溝，到處都有從事漁業的朋友，而進貨交貨很「阿莎力」（あっさり）[128] 的她，從不在意那區區幾兩，「斤斤計較就沒生意做了啦，過水的東西哪能樣樣精！」省去講價的氣力，促成的是交易，更是交情。船家漁行知道這是不必費心周旋的好買主，總是留了好貨給她，船隻返航，在還沒載到漁港販售前，就直接送到錦雀阿姨家，而這一簍簍新鮮的漁獲，成了她閒不下來的主因之一。

到貨的鮮蝦得人工挑選、分類，大隻的挑起來曬，小隻留著做蝦米，緊接著急速冷凍，要剝多少才取多少，維持新鮮。

熟練的捏掉蝦頭，再從蝦身挑起硬殼，順勢前後一剝，整片蝦殼迅速剝落，跟著挑掉沙腸，將火燒蝦平鋪在曬網上，2、3 個小時後，淡紅色的火燒蝦整齊的排滿曬網。錦雀阿姨說，別看火燒蝦個頭不大，殼卻十分厚實堅硬，所以當地人才會稱「厚蝦」，無論剝蝦殼、挑沙腸都要仔細留意著，否則蝦肉就浪費了！剝好的蝦子得在太陽下曬約 2 到 3 天，白天吸飽海風、浸潤陽光，晚上收回冷凍，隔日再曬，曝曬時還要將黏在一起的蝦子分開、翻面，確保能均勻曬乾，如此接受海風與陽光的洗禮，最後，還得經過雙手反覆壓捏確認，才能知道是否能「收成」。

每到產季，經常是一、二十篩的蝦乾在曬，剝蝦的人得一坐坐上一整天，枯燥乏味不說，加上必須忍受腥味，「別說年輕人了，愈來

火燒蝦盛產的季節，錦雀阿姨剝蝦經常一坐就是一整天。

讓一尾尾的火燒蝦接受陽光與海風的洗禮，才能逼出鮮甜滋味。

愈多在地人也漸漸放棄剝蝦的工作。」錦雀阿姨感嘆的說。除了「工」愈來愈難尋外，曬蝦最怕的就是雲層疊起，哪怕只是綿綿細雨，一旦稍有水氣，都足以讓原本滿篩的鮮香剎時化作烏有，散發腥臭。鮮與腥這一線之隔的風險，讓錦雀阿姨早練就出觀天候的本事，有時，前一天大約就可以知道隔天適不適合曬蝦。

用自己要吃的心態去做，就對了

蝦乾得剝殼，費時費工，原以為做蝦米會簡單些，不料卻又是另一番費工。

被揀選剩的小蝦先煮熟瀝去水分，曬約 1 天後，再放入米袋大力摔或打，把殼去除，5 公斤才能曬出 1 臺斤的蝦米，想產出更多的量，就得耗費更大的體力。以前摔蝦米的粗重工作多由錦雀阿姨自己來，直到年紀大了才將這費力的活兒交給兒子做。

為了延長保存、保色或防霉抑菌，市售蝦米等乾貨常被檢出二氧化硫、防腐劑超標，錦雀阿姨自豪的說她的產品絕不加有的沒的添加物，就連色素都不用，「現流仔（hiān-lâu-á，指剛從海裡捕撈起來的海鮮）曬起來的，根本不用作色就很漂亮啦！」

　　蝦乾、蝦米都銷外地，還宅配到全國，訂單就算再多也急不來，顧客經常得要等上數月才能拿得到貨。曾有廠商看錦雀阿姨的製作量大，建議她改用烘烤機乾燥，能快速省力，但機器生產的蝦乾、蝦米易流失水分，少了陽光曝晒也無法激出香氣，不管對方如何遊說，錦雀阿姨就是完全沒得商量，絕不妥協。

　　這股日光提煉出的深邃滋味，成功的擄獲了許多人的胃。有三個分別旅居法國、加拿大、日本的 80 幾歲饕客，每隔一陣子總會相互聯繫，約好一起返臺，特地到錦雀阿姨的店聚聚，為的是那思念許久的炒蝦乾、蝦乾炒意麵以及虱目魚嶺，「他們說因為國外吃不到啊！所以要走的時候也都會帶一些走。」錦雀阿姨很喜歡跟人分享她口中這「三個老公仔（lāu-kong-á，老翁）」的故事，說起這三個老主顧，神情滿是喜悅與驕傲。

火燒蝦乾香甜味道足，很多饕客隨手一取就吃。

錦雀阿姨開朗外向，參加許多社團，也是地方的「頭人」，從牆上滿滿活動照，不難想像她的活躍。

女中豪傑，將軍夫人

外地嫁進來，結果還比先生一家更融入當地。個性十分活潑外向，曾在青鯤鯓朝天宮擔任會計近 20 年，錦雀阿姨會算帳記帳、會寫大字、能煮鹹粥、炒米粉、大鍋飯，甚至海派的常從家裡帶了海鮮食材煮給熟識的香客吃，在廟裡總幹事懸缺的那陣子，還一手包辦起進香團進香事宜。曾擔任社區媽媽教室會長長達 10 年，稱得上是「喊水會結凍」的「頭人」，夠力且罩得住的她，在廟裡有活動時，吆喝一聲，輕易的便能動員婆婆媽媽來幫忙，不僅贏得廟方讚許，親切爽朗的個性也深得許多香客的心，喜歡來找她聊天，「廟裡有個阿雀姨」竟打出名號。直到十多年前，為了專心打理蝦乾生意，也為了能到處去旅遊，這才放下廟裡工作。不過，熱衷公共事務的她，仍投入許多團體，在擔任婦女會理事長時，每次開會也大方的帶上蝦乾與大家分享，讓人將林錦雀與將軍青鯤鯓的蝦乾畫上等號，頗有女中豪傑之態，還有了「將軍夫人」的稱號。

無蝦只好關店，錦雀阿姨的「雨傘店」

「以前沒有蝦，量少時很煩惱；天氣不好不能曬蝦，也煩惱。」錦雀阿姨每天 4 點起床，中午稍微休息，緊接著再做到晚上 8 點，一天 15、6 小時，勤勞打拼就像刻進骨子裡的基因，怎麼也改變不了！直到疫情期間感染帶狀泡疹，併發敗血症還引發呼吸衰竭，差點老命不保，所幸後來奇蹟似的痊癒，這才驚覺身體反噬的可怕，「過勞會死欸！以前還熬夜剝蝦子。」鬼門關前走一遭，錦雀阿姨直說再也不敢了，從過去跟漁船吩咐魚蝦，動輒 1、2 百斤起跳，到後來懂得收斂減量，慢慢學會不再做得那麼累。

多年來，堅持只賣「現流仔」，現在沒有現捕海鮮，錦雀阿姨不再四處奔走張羅貨源，寧可關了店，逍遙自在的出去玩、參與各種活動，享受屬於她自由樂活的生活節奏。

開店關店就像傘般不定時，依著漁獲也看天候。

東北季風又起，看來錦雀阿姨的雨傘店可能得開店了！

加入米酒去腥，再以鹽、白胡椒、五香、肉桂、糖調味拌勻，日曬一下午，虱目魚鰾簡單油煎便十分美味。

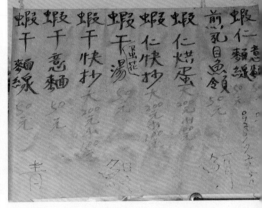

錦雀阿姨店內賣的品項不多，但都是絕妙精華的美味。

05

老城裡的臺灣味

一生必吃一次 阿霞飯店

　　創始於 1940 年的阿霞飯店，最早是位於興濟宮廟前，由吳阿池販賣米粉湯與香腸熟肉的點心攤，吳錦霞（阿霞）國小畢業就投入父親吳阿池的小吃攤幫忙，之後在忠義路掛起「霞點心店」招牌，1959 年，吳錦霞在中央市場 129 正式開「阿霞飯店」，以香腸熟肉、蝦捲、粉腸、什菜湯建立口碑，在物資匱乏的年代，滿足了許多人的口腹與想望。

　　吳錦霞與弟弟攜手打拼，也在當時店內聘請寶美樓福州師傅一川師的精湛廚藝下，奠定福州菜與臺菜基礎，從小吃點心衍生出桌菜，再逐步發展為臺菜餐廳，更陪伴臺南人成為生活的一部分，無論常日飲食或滿月、嫁娶、做 16 歲、祝壽到圓滿等圍繞著生喪壽喜的宴席，以至紳商名流談生意聚會，都是必去的名店，也吸引不少政商顯要與

阿霞飯店最初開在今民權路與忠義路交叉路口。（阿霞飯店提供）

歷任總統，成為阿霞飯店的座上賓。

原本阿霞飯店由吳錦霞、二弟吳炳雄、五弟吳壽春共同經營，吳壽春掌大廚、二弟的兒子吳榮燦、曹淑華夫妻負責招呼外場。2006 年，吳錦霞因年邁體力不堪負荷而退休，家族協議由吳榮燦夫妻承租阿霞飯店，暫時接手經營，期間由吳錦霞大弟的兒子吳明潔掌廚，

政商名流，以至歷來多任總統都曾到訪阿霞，成為座上賓。（阿霞飯店提供）

之後吳榮燦買下阿霞飯店的餐廳經營權，再交由長子吳健豪接管，成為老店第四代接班人。

開飯店必得動員人力，阿霞與侄子吳榮燦、姪媳曹淑華，以及侄孫吳健豪工作的情形。（阿霞飯店提供）

阿霞飯店堪稱府城臺菜代表，一直是許多臺南人聚餐請客的首選。

樓梯間的牆面記錄了阿霞飯店的歷史，也形同臺南人飲食的回憶。

導入 SOP，廚房標準化保證成菜品質，有效益的管理與出菜

「飯店需要 24 小時有人看顧，當時我們全家就住在飯店樓上。」吳健豪自出生就在飯店，打從有印象起眼見的都是店裡的繁忙，成長過程中更少不了幫忙洗碗、端盤子、刷砧板、殺紅蟳……身材魁梧的他還常被叫去開罐頭，磨出對食材、南北貨罐頭的敏銳辨識，而耳濡目染與後來對家業的責任，更驅使他選擇就讀餐飲科系，在母親的勸說下一路進修到高雄餐旅學院中餐廚藝系。從自家廚房的基本活，到受餐飲教育的專業訓練，紮下吳健豪的廚藝根基，進而練就他獨當一面。

2010 年，吳健豪回來接手阿霞飯店，大張旗鼓的重新整頓餐廳，也親自掌廚，並將大飯店的 SOP 導入廚房。他回想過去叔公在炒菜時，食材份量就是一把抓，爐頭上方瓶瓶罐罐的油醋糖，全憑手感與舌頭拿捏調味。外人看來是老師傅的經驗值，在吳健豪的眼中卻有另一番解讀，「這樣不但成本很有問題，每回做出來的菜也無法達到一致性。」形容就像許多中餐食譜上寫的「適量」、「少許」，不僅讓人永遠搞不清楚用量，沒有標準，對經營餐廳而言，一旦師傅換人，味道就變了，難以留客。從食材的斤兩、調味比例都不知道，吳健豪靠著反覆摸索與嘗試，找尋記憶中家裡做菜的味道，抓出食材基本的配比，將調味料定量，如紅蟳米糕搭配的花菇、蝦米、肉是既定食材，只要將醬油、糖、高湯等比增減，就能達標準化，如此逐步將每道料理的食材、調味統一，避免因掌勺者不同導致的誤差，確保成菜品質，讓顧客每次吃到的菜都有相同的味道。

定量與定型的作業程序，甚至使用量匙，一開始許多老員工十分不適應，覺得綁手綁腳，到如今已習慣爐臺與壁面貼滿的食材與流程表單，照著 SOP 按部就班進行，吳健豪笑說自己還想出很多可怕的標語，就是希望激勵員工也跟上大環境的腳步與時俱進。而在這一方天

地裡，凡是能自己動手的，備料到扞鼎（huānn-tiánn，掌廚），吳健豪都一手包辦，「回來接店的第一年，整整 365 天，我沒有讓第二個人站過爐子！」

廚房貼了許多流程表單及標語，建立烹調份量及步驟的 SOP，能加快作業同時避免誤差。

256

積極推動變革，老臺菜餐廳新形象

現在走進阿霞飯店，頓覺耳目一新，環境舒適明亮，氣氛優雅，服務人員「人客你好」、「人客請坐」親切有禮的招呼，進退合宜的桌邊解說與分菜，以及對老主顧寒暄；廚房裡乾淨整齊的鍋爐機具，員工身著制服，帽子、口罩一概不少的專注於自己的工作。吳健豪接手管理後，營造整體空間氛圍，更換熱能輸出更穩定的廚具設備，訓練外場員工提升服務，也要求內場師傅必須穿上白色廚師服，讓開放式廚房呈現在顧客眼前是專業形象，還多了分「食」的安心，「老店以前的想法，開店不是為了成為老店，而是為了生活，有時難免屈就，到我們管理的時候，就該有所堅持，尤其在衛生與專業服務方面。」從菜品配方、製作流程細節的標準化，到環境設備、人員培訓與福利制度，吳健豪一番銳意精心的變革，翻轉了老臺菜餐廳，賦予新的氣象。

要求內場員工也要穿制服，看似不大的變革，在觀念上卻歷經一番溝通。

起家菜拼盤，道道都是硬功夫

　　拼盤炭烤烏魚子、紅蟳米糕、香腸熟肉、炒鱔魚，都是阿霞飯店的招牌菜，一賣賣了數十年，也是吳健豪口中「不能沒有的東西」。

　　幾乎多數客人都會點的拼盤，集合蝦棗、豬肝捲、粉腸、蟳丸等手路菜，是阿霞飯店創始就有的「起家菜」，最初全憑口頭向客人介紹，讓客人依著前臺攤車點菜，當時按著「時價」賣，吳健豪打趣的說是「看人剖頭」，「就是看你的穿著大概就知道你吃得起、能點到什麼菜！」多樣的口感與豐富的調味，以炸、蒸、汆燙等不重覆的料理手法，展現了師傅的廚技也呈現出體面與細緻，阿霞飯店的拼盤完全手工自製，蝦棗內餡主要以火燒蝦、豬肉，荸薺等，得一條條手捲成粗條狀，經冷凍後再剁切成一顆顆如棗子般，費工費力之外，至今仍遵循傳統堅

蟳丸是臺南、嘉義一帶的特色小吃，阿霞飯店的蟳丸真材實料的放了蟹肉，並改用長型模具製作，口感更好，成功率也高。

融合了鮮味與炭香，炭烤烏魚子外酥內綿，入口齒頰留香。（阿霞飯店提供）

持不沾粉，考驗的還是師傅油炸功力；豬肝捲工序一樣繁瑣，新鮮豬肝去筋膜後切絲打漿，再以網紗包覆油炸；手工灌製的粉腸，與別家不同之處在於肉多粉少，天然的豬腸衣包覆著肉丁，經水煮後不軟不糯，入口帶著濃郁的酒香，紮實有咬勁，即使放冷同樣對味。

阿霞飯店的蟳丸更是一絕，混合比例不同的雞蛋與鴨蛋、麵粉、豬絞肉、荸薺、香菇與蟹腿肉打製成漿，再經近一個小時的時間炊蒸，因為密度高且混合了多種食材，製作上更為不易，尤其早期蟳丸多用圓型的蛋糕模蒸，耗損多且受熱不均，時間控制不當容易發酵裂開，吳健豪為此改用長條狀的模具製作，大幅降低失敗率。「看似簡單的拼盤，其實每道都是硬功夫的手工菜，只是消費者不理解。」

另一道經典的碳烤烏魚子，數十年來原本仰賴固定師傅供應，隨著師傅年事已高，幾年前吳健豪的弟弟吳偉豪未雨綢繆的開始學做烏

魚子。收來的烏魚卵，親自清洗、去血、醃漬、反覆重壓、烘乾等多道工序，才能達到自家標準的厚度、鮮度與口感，「這也是姑婆給的觀念，好的東西也要用好的方法把它做好。」阿霞飯店的野生烏魚子，富含油脂，風味濃郁，去膜後以炭火烘烤就是極致的美味，吳偉豪是烤烏魚子的箇中高手，靠著精準的火候與時間掌控，烤出來的烏魚子外酥內綿，入口豐潤黏牙，滿口生香。

不能沒有的菜，一生必吃一回

幾乎要與阿霞飯店畫上等號的紅蟳米糕，是店裡最鮮明的招牌。

選用彰化二林保水度高的長糯米，紅蟳的品質與水準更是數十年來都保持始終如一，從源頭食材就精心講究，是阿霞一貫的精神，料理細節更是一絲不苟，紅蟳必須仔細清除鰓與口器，徹底刷洗，米糕得徒手攪拌到每粒米色澤深淺一致，粒粒入味。對於處理紅蟳再熟悉不過的吳健豪，不僅遍嘗各大餐廳的紅蟳米糕，甚至憑著各家慣用的

阿霞主打的紅蟳米糕，紅蟳必須鮮活，不好寧可淘汰也不上桌。

爆油快炒，跳動的火光令人目眩神馳，生炒鱔魚是吳健豪引以為豪的一道菜。

料理技巧與紅蟳擺放習慣，一眼就能辨識出是哪家做的。阿霞的紅蟳米糕上桌時，蟳卵一定是朝上，豔橘飽滿的展示在眼前，十足大器，這也是吳錦霞傳承下來的待客之道，端上最好的，盡顯主人的豪氣與誠意，當然贏得客人滿意。

　　而讓吳健豪最引以為傲的，則是炒鱔魚。這道阿霞飯店自早就遠近馳名的菜，因為鱔魚用量極大，賣鱔魚的業者還會將鱔魚切好再送到飯店。對鱔魚的新鮮度、品質與產地要求自然不在話下，鱔魚要炒得好並非易事，對於調味、火候、時間等缺一不可的關鍵，更毫不馬虎。吳健豪在接手飯店之初曾因炒鱔魚被客人嫌到摔盤子，怒罵說根本不能吃，後來他到許多賣炒鱔魚的店家取經，悉心自學才悟出作法。鱔魚在火勢猛烈的油鍋中快炒，濃煙噴香，翻騰間帶出誘人的鑊氣，吳健豪炒鱔魚自有一套訣竅，靠著鍋鏟的觸感，感受鱔魚的蜷曲度，「在

要熟的那一刻，立刻起鍋。」令人神魂顛倒的迷人氣息，如今成了吳健豪最驕傲的一味。

內部整頓、外部延伸，從老字號到年輕品牌

因應外國觀光客與國內家庭人口結構的轉變，十幾年前，阿霞飯店新增英文菜單，幾年下來陸續推出個人套餐與半席，維持菜品固定，菜量依人數彈性出菜，貼心的讓顧客能品嘗到全席的菜色。

為了突破老餐廳的規模極限，也想讓員工有更多的舞臺，2015年，吳健豪以姑婆吳錦霞的名字「錦繡彩霞」，在南紡夢時代開設「錦霞樓」，拓展全新消費族群；2018年，他更帶著一種老派情懷，決定在「原鶯料理」經營「鶯嶺食肆」，[130]那是阿霞飯店送給臺南人的禮物，也象徵著文化與飲食的傳續。2022年，再集結全新識別的品牌「A SHA」，進駐三井 OUTLET PARK，以年輕、活力的新風格，開創新型態臺菜料理與另一條品牌之路。

「老店不會只是固守老店，我們專注手藝，誠以待客，也應著時代而轉型。」一道道臺灣人味覺的記憶，穩住老臺菜的地位，阿霞飯店是根，肩負著老店傳承的任務，提供好味道與服務；錦霞樓從宴會廳出發，成為家族品牌代表，也是對姑婆吳錦霞的致敬；鶯嶺食肆開啟了全新的風格與形態，展現不同的氣度，是對在地的情感與回饋。

「做得好是『靠爸』，做不好是『敗家』！」當年臨危受命接下重擔，自嘲是「負二代」，肩負的是「阿霞」的招牌與家族事業的使命，吳健豪戮力以赴，內部整頓、外部延伸，承續了阿霞飯店超過半世紀的味道，也讓阿霞飯店與旗下開展的餐廳有了各自精彩的定位，從老字號走向品牌，在這個持續的進行式中，展現老臺菜的新高度與面貌。

流水庭園，日式造景，鷲嶺食肆如同臺南人的秘境。

一塊招牌，肩負使命，吳
健豪扛下重任，將阿霞飯
店帶往品牌之路，也讓老
字號飯店有了新的定義。

尋回舊日臺菜 欣欣餐廳

在臺南，要想吃到老師傅親手料理的古早味臺菜，欣欣餐廳絕對是不二之選。

欣欣餐廳的創辦人阿塗師（1947-），本名吳火塗，出身飲食世家，阿公吳蜋擅長製作香腸熟肉，最初挑擔叫賣，到父親吳錦榮時在俗稱頂大道的興濟宮前擺攤做生意。香腸熟肉的製作頗為複雜費時，阿塗師的父親獨力製作又要張羅生意，或許是辛苦，擺攤斷斷續續，生意未見有太大起色。家中經濟不好，迫使阿塗師國小畢業就得四處謀生賺錢，也曾隻身北上在中華商場的工藝社打工，因思鄉情切才返回臺南，到同宗親戚阿霞[131] 的店裡當學徒，從端菜、灑掃基礎工做起，苦練 6 年才練就一身手藝。

滿手臂都是被火灼油濺留下的傷痕，阿塗師說起創業的歷程，總面帶微笑，然而旁人卻很難明白那是努力與堅持之下的雲淡風輕。

八寶米粉是阿塗師的起家菜，不在欣欣的菜單之列，只有熟門熟路的顧客才懂得點，算是隱藏版菜色。

　　退伍後，阿塗師先是在興濟宮對面的觀亭街口擺攤賣八寶米粉、炒飯、什菜湯等簡單小吃，跟著租下附近 2 坪大的小店面，後來與哥哥吳松村（阿村）共同經營餐廳，再到獨自開店，「剛開始自己出來做，生意不好，沒人認識我，房租又高……。」合夥時以哥哥名字「阿村」作為店名，兄弟分道揚鑣後，挑戰才真正開始，當時的阿塗師因為知名度未啟，加上高額的租金壓力，曾經歷一段慘澹時光，所幸憑藉著好手藝，慢慢打出自己的名號並攢了點積蓄，靠自己的努力與在親朋襄助下，貸款買下現今營業的店面。「做事起頭難，但戲棚下站久了就是你的。」回想這一切，阿塗師很感謝生命中的貴人與上天的庇佑。

阿塗師學藝時並沒有學做香腸熟肉，店內的香腸熟肉是由曾經向爸爸學藝的太太林秋霞負責製作。

尋回老菜，嘗盡臺南繁盛的舊日滋味

　　自阿霞飯店習藝出身，承襲來自寶美樓福州師傅一川師的手藝，阿塗師融合福州菜與酒家菜，成為欣欣餐廳的特色，不過，這當中也有過一番曲折。阿塗師說，餐廳原以海鮮料理為主，期間也曾遭遇菜色變化的瓶頸，某次有位客人來，毫不客氣地直指他學的是臺灣料理，卻賣海產，菜色不到位，功夫也沒有發揮出來。客人嚴厲的指責如醍醐灌頂，令阿塗師思索自己所學與經營方向，決定找回古早味賣臺菜，也才有後來欣欣餐廳一道道的經典臺菜。

　　除了五柳居、雞仔豬肚鱉、魷魚螺肉蒜等一般人較為熟悉的宴席菜，阿塗師也端出芙蓉玉帶、桂花魚翅干貝、南靖雞等手路菜，以及

炸醋蝦這種罕見的酒家菜,配合他生動說著臺菜的故事,既畫龍點睛又增色提味,讓肚皮與心靈酣暢。

店裡的芙蓉玉帶魚捲,將鱸魚肉先片過再包入瘦肉、荸薺、蔥、蝦、蛋等魚漿料,仔細的捲好再蒸,帶著魚皮的鱸魚捲鋪排在蒸蛋裡,形似古時官服腰圍的玉帶,而菜如其名的,作法也宛若古時官家才有的非凡手法。源自福建漳州的南靖雞,也是道精緻大菜,得經炸、滷、蒸多道工序讓雞肉入味,處理過程的繁雜,完全展露在一整隻雞完整上桌的視覺完美,以及濃郁繽紛、層次迭起的味覺裡。另一道炸醋蝦,[132]烹調時完全沒用上醋,臺語諧音「食醋蝦」,有著酒客因酒家女爭風吃醋的莞爾說法,是早年知名的酒家菜,如今會做的師傅恐寥寥無幾。

桂花魚翅干貝在阿塗師的細膩刀工與絕妙的炒功下,帶出口感與香氣。

大蝦開膛剖腹的畫一刀，塞入切絲的紅蘿蔔、香菇、火腿、蔥段，淋上蛋液下鍋炸，之後將油倒出後還得再煎到油收乾，起鍋前再倒入黃酒嗆鍋提味，帶出香氣！此外，還有將肉剁得像米一般細碎的肉米蝦，以及同樣刀工細膩也講究炒功的桂花魚翅干貝，都是他的拿手菜。

阿塗師火候功力的代表，還有炒鱔魚與南煎肝。南部是吃炒鱔魚的天堂，許多餐廳小吃各憑手路與調味的將鱔魚炒成各有擁護者的絕妙菜品，也是臺南的飲食特色。只見厚實大塊的鱔魚在熱鍋烈火裡來去，如翻江倒海般轉身旋即展現迷人姿態，入口則是一番鮮脆彈性與十足鑊氣。另一道南煎肝（爆炒豬肝）更是來到店內老饕必點的招牌，豬肝以五香粉醃過，先過油再爆炒，「大火一熱，豬肝稍微炒一下就能起鍋。」阿塗師說的輕鬆容易，然而，要去除豬肝的腥氣與苦味外，火候恰如其分的控制，這道少一分太生，多一分太硬的美味可都是多年經驗的累積，沒有真功夫絕對做不出來，濃稠的醬汁下豬肝外焦內軟，香嫩的口感，連不敢吃豬肝的人都可以連吃好幾塊。

儘管不少料理十之八九都是這路數，但只有在欣欣才能嘗到保留最多、屬於老臺南人的滋味，能夠將尋常易得的食材，變成一道道令多數人都讚不絕口的佳餚，阿塗師將臺菜快炒的手法發揮得淋漓盡致，也呈現出臺菜重火候與時間的烹調精髓。

其實，阿塗師早年學的古菜不只這些，聽他說還有一道幾近失傳的薄片鴨。鴨子先炸再以五香、糖反覆拌滷入味，之後炊熟，拆骨架片肉過炒，跟著擺盤，上菜前再以去皮的土司包入鹹菜、蔥段與薄片鴨。一道菜經炸、滷、炊、炒繁冗過程才能精製，光聽就十分有畫面，想必又是另一種滋味的講究與追求。

阿塗師就像蘊滿寶藏的一座山頭，穩立在餐飲群山之間。這些菜，嘗到的是臺南舊日滋味，也見證了那個年代的繁華盛景！

阿塗師說炸醋蝦隱喻酒家女長得很漂亮且善解人意，酒客因而爭風吃醋，是道早年知名的酒家菜。

香煎豬肝十分講求火候的掌控與調味，濃烈的醬色下，豬肝不腥不柴，鹹香軟嫩。

老派作風與精神，成就一片天地

從白手起家到漸入佳境的人生，阿塗師因為生意忙碌而在十幾年前引發中風，導致手腳不靈活影響工作，原本一度萌生退意，然而心繫家庭的重任與事業，以及客人的殷切期盼，在身體逐漸好轉後，仍回到餐廳親自掌勺，不僅如此，每天打烊前利用空檔去公園運動，等關了店再回來巡視，整理廁所、檢查瓦斯、水電……。「要開轎間，自己就要會扛轎。」他一直謹記父親曾說過的話，自己要有本事與相當程度的熟識，才可從事某種行業，也將這句話在生活中實踐，從年輕起不斷精進廚藝外，連細節也事必躬親，或許也是如此的作風與精神，才成就屬於他自己的一片天地。

當顧客進門，阿塗師總是起身招呼，笑臉迎人。

待客如親，與同業友好交情，生意經營的典範

　　阿塗師令人感動的，還有他的態度與氣度。當顧客進門，他總是笑臉迎人，必定起身招呼。熟客上門，也常見他穿梭在廚房與櫃檯間，或抽空跟客人寒暄話家常，每每有人稱讚他菜色口味好、廚藝佳時，他總說「不是我的東西好吃，是合你的口味。」待客親切、誠信與謙虛的態度，阿塗師數十年如一日。

　　而一身廚藝來自最初的阿霞飯店，阿塗師抱持感恩，對於口中的「大姊」阿霞始終敬重，不僅阿霞飯店，他與阿美飯店也有著好交誼，至今彼此仍經常往來，偶爾得了產地的新鮮農漁獲，也相互饋贈分享，「我們雖然做仝途（kāng-tôo），卻不會互相怨妒（uàn-tòo），交情很

欣欣餐廳開店將近 50 年，儘管沒有華麗的門面，裝潢也數十年不換，依舊吸引著一批死忠的顧客不時上門報到。

好。」三足鼎立的老字號臺菜餐廳，且幾近比鄰的距離，沒有同行相忌，只有英雄惜英雄的恢弘氣度，也堪稱生意經營者的典範。

做吃的，沒人做這麼久，誰像我做到這麼老

儘管一路走來辛苦，長年待在廚房伴著鍋爐鼎灶，一雙手臂盡是被火灼油濺留下的傷痕印記，手指也因握鼎掌勺而變形，從事飲食的勞碌更累積出一身職業病，但阿塗師知足常樂，仍甘之如飴。

如今年近八旬，仍每天進廚房在第一線掌廚，阿塗師苦笑說，年少時因為家貧，曾窮到連補習費都湊不出來，飽嚐沒錢讀書之苦，所以鼓勵子女多讀書，不料兩個兒子學業、事業有成，卻無法承接家業，眼看著十分友好的阿霞與阿美飯店都陸續傳承給年輕一輩，後繼無人成了阿塗師心中遺憾的事，「做吃的，沒人做這麼久，誰像我做到這麼老啦！」

然而，他依舊樂觀，「人生能工作就是最快樂的！」他說。最大願望，是可以再扞鼎（huānn-tiánn，掌廚）十年。

拿著大鍋鏟，守著老店，持續端出一道道經典料理，阿塗師對臺菜的熱情就如爐火鼎沸，以此守著臺南世世代代的飲食記憶！

牆面滿是到訪名人與阿塗師的合照,以及媒體報導,阿塗師守著一家餐廳,也守著臺南世代的飲食記憶。

二女兒美娟幫著打理餐廳,是阿塗師的得力助手。

硓砧百年厝，無菜單臺菜 筑馨居

　　因為不想跟別人做一樣的事，所以才有現在的筑馨居。

　　人稱「勇哥」的筑馨居老闆周榮棠，在接手筑馨居後重新出發，這裡成了他發揮的新舞臺。

大刀闊斧展豪氣，擴大開桌筑馨居

　　2014 年，臺日混血作家一青妙在她的新書《わたしの臺南》中介

筑馨居兩間超過百年的老房子，裸露的紅磚，蚵灰、糯米混合堆砌的牆，古意盎然，極具特色。

歲月走過的跡痕，悄然無聲的都成為佐餐的風景。

紹筑馨居，在日本出版後獲得極大迴響，2015 年再發行中文版時，[133]原本一青妙預計在筑馨居舉行新書會，接獲消息的勇哥，聽到出席者包括一青妙的應援團，心想，這不小的陣仗，原有 1 館空間場地恐難容納，只好日夜趕工整修剛租下的對街空屋。向來喜歡收藏老物件的他，在約莫一個月內，從四處找了許多臺灣元素的文物，酒甕、茶罐、古宅的窗櫺、門，以及在別人眼裡不起眼的老東西，到了這裡頓時間變成「寶」的展示出來……。聽勇哥說起這一段時，語氣就如當下大刀闊斧催趕工班的迅猛節奏，很是過癮，像極了遊遍五湖四海的大俠，在四方朋友的仗義之下敦促成了一樁大事，才在短短時間有了筑馨居 2館。

勇哥收藏一屋子的老東西，每件都有身世，都能說故事。

在地節令材，無菜單臺菜

「百年老厝有情調，砣砧佳餚無菜單，若無預約毋通來」，門聯揭示了筑馨居的身世與經營。

在百年老屋裡，筑馨居供應的是臺式料理，採預約制，依人頭計費，以無菜單的營運模式，省去食材的囤積與耗費，便能控制成本，轉而提升食材品質，「主要也是食在地、食著時，食材好，『鮮』就毋免太複雜的料理方式。」勇哥說，如此也能表現自己想要呈現的菜色。

不過，這樣的作法，一開始也曾出現各種「聲音」。「好比一整年都有虱目魚，雖然是十分在地性的食材，但卻普遍，很多人會認為無菜單料理竟然吃虱目魚？我在家自己也能煮……。」顧客對無菜單

筑馨居對聯出自臺南文史研究者、也是臺語文作家黃文博之手。

一尾虱目魚只取一小塊的魚臍，翻轉了虱目魚的價值，蒸煮虱目魚臍也成為筑馨居的獨門料理。

北門蚵寮阿嬤的赤嘴仔，飽滿鮮甜，與絲瓜是完美配搭。

北門養殖、兩年生的老蚵，是勇哥尋來的寶，也成為餐桌上的一番精彩。

料理的期待，讓勇哥思考如何將這條象徵臺南的魚能夠跳脫平凡，他留意到虱目魚下腹鰭邊的那塊魚臍，是整條虱目魚口感最細嫩軟滑的部位，特地請崇德市場的一處魚販幫忙處理，一條虱目魚才取一下小小一塊！並將舅舅原本建議魚羹的作法，改用醃瓜（am-kue）或鳳梨豆醬蒸煮，鹹香或酸香烘托出魚的鮮味，這道蒸煮虱目魚臍，翻轉了虱目魚的價值，也成為筑馨居的獨門料理。

對食材極為講究，筑馨居的桌上曾出現北門蚵寮阿嬤挖的赤嘴仔，將近一根手指長的大小，鮮甜程度有次讓客人誤以為是加糖調味，而鬧了笑話；還有北門養殖兩年的牡蠣，比起一年採收的新蚵更為肥碩飽滿，紮實Q彈，無論鹽焗或蒸煮都不容易縮水，入口的肥美絕對心滿意足；勇哥也專程找了契作養雞場飼養的無毒跑山雞，肉質美味令顧客想直接跟他買雞回去烹煮；還有應著季節的鮮筍、菱角、鳳梨……，

「若無預約毋通來」，筑馨居經常高朋滿座，一位難求。

很用心的四處尋找、甚至透過人脈才取得食材，勇哥說，自己食材成本就將近餐費的四、五成，不怕花錢買好的食材，就怕買不到好的食材，渾身帶著辦桌人的硬掘脾氣與高水準，「如果連自己這關都過不了，怎麼給顧客吃！」

選材、理菜、順口、藏情，紮實功夫展現臺菜精髓

年輕時跟著舅舅辦桌，早練就精湛廚藝與裡外全盤張羅的功夫，從細節的處理與過程可看出他紮實的烹飪技巧。肉類先烹調，再煮蔬

四寶湯溫潤的氣息，入口後一路暖到肚腹，餘韻不散。

濃油赤醬、醇厚鮮美的東坡肉，是筑馨居的招牌菜。

糖醋魚外表酥香，魚肉細緻，搭配酸甜醬汁令人胃口大開。

菜，菜才能甘美入味；魷魚螺肉蒜的魷魚堅持親自剪，好讓食材味道釋放；東坡肉、豬腳等醬燒料理，肉得入大鍋燒，醬汁則分開處理，是香腴醇厚不可少的關鍵；湯捨棄直接煮而採慢炊，逼出食材鮮美，也確保湯色清澈不濁，「細節不注意，味道就不一樣了！」就跟辦桌一樣，仔細的逐一工序，端上桌的都是完美呈現。

出菜的順序，菜品的料理與配搭，同樣經過一番斟酌。起手式冷盤，香腸熟肉、八寶丸、雞捲、五味九孔、海蜇皮等常見的臺味組合，以炸、醃、涼拌等不重覆的料理方式，以及鹹、甜、酸、五味等不同滋味的菜色於盤中交手，先開展視覺的誘惑，跟著雞、豬、魚與各式海鮮採不同的烹調手法，變化出經典菜品交錯上桌，增加菜色的變化性，勇哥希望無論人數多少、懂不懂得點菜，都能品嘗到臺灣菜的精髓。

善心善緣，勇哥豆花，另一番驚喜

筑馨居讓人讚不絕口的，還有餐後的「勇哥豆花」，如一般豆花般看似無奇，入口細緻綿滑與自然糖香卻令人驚豔，那是由一位賣豆花的老伯傳授給勇哥的。原本老伯每天推著攤車經過筑馨居，逢用餐時刻，勇哥便會跟他買豆花請店內客人吃，日復一日，索性請老伯於用餐時間供應豆花當餐後甜點，不料後來因登革熱疫情導致生意銳減，豆花老伯決定回到最初的兜售方式，為了讓客人能吃到豆花，勇哥親自向豆花伯學做豆花。不過，那次的教學並未成功，之後勇哥自己嘗試卻屢屢失敗，豆花始終無法凝固成形。他再度前往求教老伯，當下老伯回他：「每個人的心境不一樣，做出來的豆花就會不一樣。」短短一句話讓勇哥回過頭沉思許久，「我想起老伯摑（nuá，搓揉）豆花時趑跤趑手（sô-kha-sô-tshiú，指動作慢吞吞，拖拉遲鈍）的樣子……。」老伯一句似是人生哲理的話，以及做豆花時反覆緩慢的搓揉動作湧上

腦海，勇哥突然頓悟，當晚，他靜下心專注的揉豆子，結果就成功了，「豆花的訣竅在揉，得耐心費時。」或許過去性子太急，才悟不出箇中道理，經過一番波折，掌握訣竅，再加上勇哥後續四處考察、試吃取經，自我精進，才有後來筑馨居大受好評的餐後豆花。

也因為這段因緣，後來在臺南許多活動與市集，常可見勇哥推著老攤車，賣起他手工自製的古早味豆花，而且一碗只賣 10 元，在如今萬物皆漲的時代，他的豆花價格便宜到令人咋舌，特別的是，他還會要客人拿兩個 5 元付款，「兩個 5 元，就是兩個有緣啦！」賣豆花不為賺錢，只為分享，與人結緣，就像勇哥始終強調的，有善心就有善緣。

從巷弄開始成為當地，如硓咕石般堅定信念

筑馨居一直也是許多名人喜歡到訪的店，而讓勇哥結下的緣分，

勇哥堅持不以市售豆漿，完全遵循古法製作豆花。

幾經失敗，勇哥彷彿悟出道理，做豆花時得靜心凝神與雙手間的專注，才做得出令人魂牽夢縈的豆花。

在筑馨居，吃的是料理人當下的心情，也是臺南的四時風情，一頓飯吃下來，「視聽味觸意」都齊了，很高的境界，大大滿足。

不僅是人，還有從這裡開始的巷弄生活，如他自己所說「巷弄生活不比外人想的容易」，如何融入當地，成為當地，才有可能實踐自己。所以他從這裡開始，而他也接軌得很好，後來接手二手書店，改經營「艸祭 Book Inn」背包客棧，讓旅人留宿在書堆裡，同時也為臺南民宿合法化奔走，推廣地方文化與觀光。

「要做就做好，要道地也要到位。」曾有網友對筑馨居的服務頗有微詞，勇哥並不以為意，「筑馨居本來就不是以服務為主要，而是把料理放在第一，我們本身就不是很喜歡別人服務的人！」從他講話的語氣，可想他在下廚時的身手俐落，大鏟一揮的豪氣，以及堅定信念，憑著對食材與料理的敏銳，筑馨居讓臺菜有了另一番到位的展演與面貌。

在這個舊地名硓砧石城之境，最初，信仰將勇哥帶到這裡落腳生根，他在這個老城巷弄中，如硓砧石般的穩穩定住自己的理念，將在地食材轉化成更多驚喜，流淌進更多人的心裡，也讓臺南的文化與底蘊透過味覺再次傳達。

結語

　　臺南是座文化底蘊深邃的古都，就連飲食之味都十分豐厚。

　　悠遠的歷史，廣袤的山海大地，許多農漁作物被引進或發現，在不同族群先民累積的自然生態知識下，孕育成風土食材，因著產地優勢傲視全臺，也順應著地方飲食習慣與生活智慧，轉化為餐桌上的百味佳餚，或在時間長河中，發展出特色獨具的加工食品。得天獨厚的鳳梨與芒果，如刻意被雕琢的寶石，百年流轉，光芒始終閃耀著這片土地；晨露下的竹筍，風韻清鮮，濃淡皆宜外，一鍋竹筍鹹飯還是早年農食生活的最佳代表；帶著獨特氣味的蝦 kê、魚 kê，在時間的催化下變得更有內蘊，一路從海到山都可見它的蹤影，背後牽動了一段平埔族人的遷移史；還有全世界只有臺灣人才入菜的破布子，以及險些被人遺忘的葛鬱金，都是老祖先留下來的飲食智慧；一顆顆圓潤的龍眼，經窯火烘焙後，散發的不只香甜滋味，還有在各種儀式場合裡象徵的圓滿。這些，是天地生養的食材，也是地方的氣息，從土地到餐桌進而與世界產生連結。

　　鮮美食材的背後不單需要大地滋養，得宜的氣候催生，還要透過生產者勤作與反覆細膩的處理，才能讓饕客與美食有相遇時的驚喜。南部的豔陽造就了曬麵業發達，大小林立的製麵廠，讓麵食與臺南人的飲食生活密不可分，意麵從鹽水為起點，麵香飄全臺；而陽光浸潤與海風輕揚下曬出來的火燒蝦乾，更是老天恩賜給臺南的禮物，上得廳堂入得廚房，迷人風味，完美的與各種食材來場絕妙演出。

　　臺南飲食的豐美更體現在日常生活的大宴小吃，無論是珍饈盛宴如早年的酒家菜，到後來的宴席臺菜，或應著地方發展形成獨特的小吃點心，當中不乏數代傳承的店家，在歲月淬鍊的精準手路，以及對料理堅持的態度與精神下，兼融百味地蘊蓄豐盛多滋，不但讓遠地饕客慕名而來，還養成死忠顧客非某家店不吃的挑嘴與偏執。至今仍保

留不少經典的臺菜與小吃，展現了臺南飲食的精髓，也讓府城贏得美食之都的雅稱。

不光是味道，飲食背後的故事，常常就是一段歷史與文化，所以一擔度小月反映的是當時生活樣態；一碗滷麵牽動的是臺南人的禮俗與人情盛意；淺山飯擔的那鍋鹹飯，傳遞了暖心慰勞的情意，也窺見背後的參與分工，以及地方社會關係網絡的建立。

飲食不僅是品味，更是臺南流淌的盎然生機與深厚文化。在飲食愈來愈多元的現代，當飲食已然成為社群媒體熱絡討論的趨勢話題，在不斷向外看的同時，也回過頭來尋找屬於臺南土生土長、在地蘊養的味道，以及對飲食背後的理解，才能知味惜味，盈溢美好。

日常的各種飲食，能吃得飽足，也能吃出關係，與土地、族群、過去的關係，扣連著情感，成為記憶的一部分。（黃文博提供）

注釋

1. 參考周鍾瑄《諸羅縣志》（臺北：臺灣銀行經濟研究室，1962），頁 204。以及陳文達，《臺灣縣志》（臺北：臺灣銀行經濟研究室，1961），頁 15。

2. 盧明教，《濃濃關廟情戀戀香洋風》（臺南：臺南關廟區公所，2010），頁 47-48。

3. 黃叔璥，《臺海使槎錄》（臺北：臺灣銀行經濟研究室 1957），頁 60。

4. 連橫，《臺灣通史》（臺北：臺灣銀行經濟研究室，1962），頁 669。

5. 如舊時府城寧南坊有欉仔林，白河、西港、六甲等區亦有因大片芒果樹林而名「欉仔林」之地，白河、楠西有欉仔坑，南化有種植芒果的坡地稱「欉仔坪」，東山區以及安定區有欉仔腳，另還有欉仔角、欉仔宅……，與芒果相關的地名遍及臺南各區。

6. 郁永河，《裨海紀遊》（臺北：臺灣銀行經濟研究室，1959），頁 15。

7. 王必昌，《重修臺灣縣志》（臺北：臺灣銀行經濟研究室，1961），頁 416-417。

8. 此外，如來臺擔任嘉義縣學教諭謝金鑾在《續修臺灣縣志》也寫道：「檨、番蒜也，高樹廣蔭，實如鵝卵，皮青肉黃，剖食甘美。始生時和鹽虀搗為菹，曰蓬萊醬。」（謝金鑾，《續修臺灣縣志》（臺北：臺灣銀行經濟研究室 1962），頁 52。）

9. 吳新榮著，張良澤總編纂，「吳新榮日記 /1940-05-04」，中央研究院臺灣史研究所臺灣日記知識庫 https://taco.ith.sinica.edu.tw/tdk/%E5%90%B3%E6%96%B0%E6%A6%AE%E6%97%A5%E8%A8%98/1940-05-04

10. 連橫《雅言》裡提到：「臺南人以醃檨煮魚，風味極佳，湯可醒酒。」（連橫，《雅言》，臺北：臺灣銀行經濟研究室，1963，頁 83。

11. 謝金鑾，《續修臺灣縣志》，頁 616。

12. 王凱泰，〈臺灣雜詠三十二首選二〉，《臺灣雜詠合刻》（臺北：臺灣銀行經濟研究室，1958），頁 46。

13. 黃叔璥，《臺海使槎錄》（臺北：臺灣銀行經濟研究室，1957），頁 59。

14. 杜臻，《澎湖臺灣紀略》（臺北：臺灣銀行經濟研究室，1961），頁 63。

15. 〈進呈臺灣番檨疏〉，《清奏疏選彙》（臺北：臺灣銀行經濟研究室，1968），頁 35-36。

16. 亦有不少店家以葡萄柚取代柚子。

17. 劉良璧，《重修福建臺灣府志》（臺北：臺灣銀行經濟研究室，1961），頁 114。

[18] 王瑛曾，《重修鳳山縣志》（臺北：臺灣銀行經濟研究室，1962），頁 289。

[19] 《福建通志臺灣府》載：「樹子，俗呼葡萄子，臺產最盛。葉如毛柿，三月開白花，五、六月熟，狀如金鈕，薄皮裹漿，內有小核，核中有仁，味極香。收實後，或用豆醬浸製，販諸內地，極珍。」(《福建通志臺灣府》（臺北：臺灣銀行經濟研究室，1960），頁 223。)

[20] 王必昌，《重修臺灣縣志》（臺北：臺灣銀行經濟研究室，1961），頁 377。

[21] 王必昌，《重修臺灣縣志》，頁 419-420。

[22] 連橫，《雅言》（臺北：臺灣銀行經濟研究室，1963），頁 83-84。

[23] 連橫，《雅言》（臺北：臺灣銀行經濟研究室，1963），頁 83-84。

[24] 王則修〈新筍四首〉，收於《則修先生詩文集·三槐堂詩草》。

[25] 陳子敏〈食筍〉，收於《詩報》第六十九號，大冶吟社擊缽吟例會，1933 年 11 月 1 日。

[26] 此外，日治時期「櫟社」詩人，也是政治運動者林獻堂的〈食筍〉，以及清代文人所作竹枝詞中也多有與竹筍相關描述的詩文。

[27] 指仁德、歸仁、關廟、龍崎等地。

[28] 周鍾瑄，《諸羅縣志》（臺北：臺灣銀行經濟研究室，1962），頁 138、204、297。

[29] 連橫於《臺灣通史》載：「龍眼：有大、中、小三種。嘉、雲兩邑所產特盛。曝乾者謂之福圓。剝肉焙乾者謂之福肉。每年配售上海、天津，為出口大宗。」（連橫，《臺灣通史》，（臺北：臺灣銀行經濟研究室，1962），頁 669。）

[30] 不著撰人，《安平縣雜記》（臺北：臺灣銀行經濟研究室，1959），頁 88。

[31] 焙龍眼的天數，從 6 天 5 夜、5 天 4 夜、4 天 3 夜都有，依各農戶與焙灶窯而異。

[32] 以柴油焙的龍眼乾色澤多呈現土黃色。

[33] 指砍下後放置幾天的木柴，與剛砍下不久的木柴。

[34] 將去殼的龍眼乾，放在有小孔洞的爐具上微溫加熱，再以手將龍眼果肉與子剝離，龍眼乾剝肉全程得徒手進行。（2023.10.15 訪談果農李清祥）

[35] 范咸，《重修臺灣府志》（臺北：臺灣銀行經濟研究室，1961），頁 403。

[36] 此為東山區公所 2018 年的普查資料。

[37] 另又稱美人蕉、藕仔薯、太白薯、太白筍、金筍，為多年生宿根性草本植物。

[38] 如《臺灣農業年報》、《臺南州產業狀況》中皆有產量統計。

[39] 包括《臺灣に於ける澱粉製造業》（臺灣總督府農事試驗場，1917）、《臺灣農

業發達の趨勢》（臺灣總督府殖產局農務課，1929）、《臺灣食糧年鑑　昭和17 年》（米穀食料新聞社臺灣支局，1942）等書。

40 《アロールート栽培法附澱粉製造法》，臺灣總督府農事試驗場，1911。

41 邱文鸞〈臺灣旅行記(一)〉，《臺灣旅行記》（臺北：臺灣銀行經濟研究室1965），頁 13。

42 大臺南地區，如大內、山上、新化、善化的溪美皆有種植。

43 火燒蝦不像其他蝦子肉質韌脆，偏軟的口感嘗讓不懂的人、或外地人誤以為蝦子不新鮮。

44 網紗油又稱「豬網油」，閩南語俗稱「網紗」，即豬腹膜，是豬胃部與橫膈膜間的一層網狀脂肪。

44 如佛教信仰者避諱吃牛肉，而民間俗信命理之中帶「魁罡」者，以及考生在備考階段（因職司考試、功名的神祇文昌帝君坐騎是牛），都不能吃牛肉。

45 如清律明令：「凡宰殺耕牛，並知情販賣宰殺者，一併問罪，初犯枷號一月，再犯發衛充軍，若盜殺及販賣者，不分初犯、再犯。處徒刑一年。」（陳世慶，〈經濟志〉《臺灣省通志》，南投：臺灣省文獻會，1971，頁 46。）

46 如清同治 5 年（1866）〈禁私宰耕牛碑〉。另參考盧德嘉，《鳳山縣采訪冊》，臺北：臺灣銀行經濟研究室，1960，頁 367-368。

47 吳新榮著，張良澤總編纂，「吳新榮日記/1959-01-29」，中央研究院臺灣史研究所臺灣日記知識庫 https://taco.ith.sinica.edu.tw/tdk/%E5%90%B3%E6%96%B0%E6%A6%AE%E6%97%A5%E8%A8%98/1959-01-29

48 訪談府城文史研究者鄭道聰（2022.04.07）。

49 公館社區由岡林、二寮、草山三個里組成，面積約占左鎮的一半，全區皆為水源保護區，多為泥岩堊地，當地以西拉雅族群為主，為農村型社區。

50 該計畫為「勞動部多元就業開發方案和培力計畫方案」。

51 黃叔璥，《臺海使槎錄》（臺北：臺灣銀行經濟研究室，1957），頁 124。

52 此為草山地區居民習慣的吃法。

53 如《臺海使槎錄》〈番俗六考〉中記載：「臟腑醃藏甕中，名曰膏蚌鮭」（黃叔璥，《臺海使槎錄》，頁 95。）周鍾瑄，《諸羅縣志》記：「細切鹿肝為醢，名膏蚌鮭。（周鍾瑄，《諸羅縣志》，臺北：臺灣銀行經濟研究室，1962，頁 158。

54 據陳第《東番記》中記：「習篤嗜鹿，剖其腸中新咽草將糞未糞者，名百草膏，旨食之不厭。」當時原住民極喜歡吃鹿腸中半消化的草膏，稱之為「百草膏」。

55 使用在地常見食用野菜，燙熟後做成青醬，示意作成百草膏。

56 「吉貝耍文史工作室」於 1998 年由段洪坤（現任西拉雅族部落發展促進會理事長、臺灣平埔原住民族文化學會秘書長）召集一在地人共同成立，旨在對內建構在地歷史、凝聚共識，對外推展地方文化、讓更多人認識吉貝耍的人文與歷史。

57 黃叔璥，《臺海使槎錄》〈卷五番俗六考〉（臺北：臺灣銀行經濟研究室，1957），頁 95。

58 沈有容，《閩海贈言》〈卷之二東番記〉（臺北：臺灣銀行經濟研究室，1959），頁 26。

59 據教育部臺灣閩南語常用詞辭典之用字為「膎」（kê/kuê，指以鹽醃製的魚蝦、肉類）。

60 白殼是製作大滿酒時所用的酵母，又稱「酒餅」，西拉雅族人以前製作大滿酒都是自製白殼，配方採用十餘種植物煉製。

61 段洪坤，《吉貝耍飲食文化紀實：食在有趣》，臺南市西拉雅族部落發展促進會，無出版日期，頁 2-4。

62 平日只有家裡有客人來訪或祭祀時才會端出白米飯，祭祀時準備白米飯，主要是害怕神明會因吃不飽，而不答應祈求者的心願。（參考黃連發，〈農村的粥〉，《民俗臺灣》第六輯 (臺北：武陵，1990)，頁 136。）

63 連橫，《臺灣通史》（臺北：臺灣銀行經濟研究室 1962），頁 605。

64 吳比娜，《尋訪台江古早味：歷史、風土與人情的飲食故事》，頁 101。

65 周鍾瑄，《諸羅縣志》，臺北：臺灣銀行經濟研究室，1962，頁 239。

66 如《諸羅縣志》記載：「鄭經酷嗜麻虱目，臺人名之曰皇帝魚。夏初出，頗適口；及秋，則味帶酸而肉澀，宜乎鄭氏之不能久也。」以及《彰化縣志》記載：「麻虱目，狀如池中小烏魚，產塭中，夏秋盛出。俗呼皇帝魚，謂鄭經所嗜也。」

67 連橫，《臺灣通史》，臺北：臺灣銀行經濟研究室，1962，頁 714。

68 陳奕中，〈南臺灣的家魚—虱目魚〉，《農政與農情》265 期，2014/7。另參考行政院農委會全球資訊網 https://www.coa.gov.tw/index.php

69 朱仕玠，《小琉球漫誌》，臺北：臺灣銀行經濟研究室，1957，頁 36。

70 高拱乾，臺灣府志》，臺北：臺灣銀行經濟研究室，1960，頁 46。

71 一種烹飪方式，以少量的水半蒸半煮將食物蒸熟。

72 早期虱目魚為季節性，約冬末春初是產季，現在的虱目魚雖為全年生產，但成魚的捕撈上市也有季節之分，主要落在每年 4 月至 12 月，每年 4 至 6 月以淡水虱

目魚為主，6 至 10 月則以鹹水魚居多，10 月以後到冬至又多淡水魚。七股地區的虱目魚產季則以 6 月份到冬至為止。

（參考自七股區公所全球資訊 https://cigu.tainan.gov.tw/News_Content.aspx?n=6319&s=69169）

73 訪談郭秋燕 2023.12.12。

74 淺坪式養殖由於水池的水深較淺，冬天時很容易因為寒流使魚塭溫度驟降，導致虱目魚大量死亡，所以一般會設置越冬溝讓虱目魚避過寒冬（參考自農業部水產試驗所全球資訊網 https://www.tfrin.gov.tw/News.aspx?n=309&sms=9035）。當冬季時，虱目魚會躲進越冬溝避寒，魚嘴開合是最活絡部位，口感最好，因此才有「冬吃頭」，而春秋兩季是魚油消退與成長的季節，最為肥美，所以有「春秋吃滑水（魚肚）」之說。

75 周鍾瑄，《諸羅縣志》（臺北：臺灣銀行經濟研究室，1962），頁 104。

76 謝金鑾，《續修臺灣縣志》（臺北：臺灣銀行經濟研究室，1962），頁 77。

77 范咸，《重修臺灣府志》（臺北：臺灣銀行經濟研究室，1961），頁 211。

78 胡興華，〈臺灣的水產養殖（三）〉，《漁業推廣月刊》156 期，農委會漁業署，1999/9，頁 13-24。

79 吳比娜，《尋訪台江古早味：歷史、風土與人情的飲食故事》，內政部國家公園署台江國家公園管理處，2016，頁 203。

80 此為教育部臺灣閩南語常用詞辭典的用字，一般通俗則多用「蚵嗲」。

81 如秀碧蚵嗲外層麵糊是以純黃豆粉加水調製，秀里蚵嗲則以黃豆粉加上麵粉調成。

82 此處採用店家名號，以「蚵嗲」為用字。

83 栽種西瓜時，為集中養分讓少數西瓜成長發育，會將生長過程中瓜形不良的小西瓜摘除，有時也會刻意減少每株西瓜的果量，以確保被留下的西瓜幼果有足夠的養分，生長與品質能更好。

84 「膎」（kê/kuê），乃依據教育部臺灣閩南語常用詞辭典之用字。

85 曾品滄、陳玉箴，〈台江地域食生活的傳統、變遷及其創新運用〉《國家公園學報》，26：2（2016），頁 68。

86 如以 kê 醬拿來配生花生，當下酒菜。

87 磅皮是將豬皮油炸，使豬皮質地不再堅韌，口感擬似魚翅彈脆，是農業社會時期辦桌常見的菜品（當時的魚翅羹多為磅皮魚羹）。

88 通常以宴席上的雞、封肉與魚翅羹的湯汁為基底，再加入高麗菜、鹹菜、筍片、魚丸等配料再次煮滾。（張耘書，《臺南辦桌師傅》，臺南：臺南市政府文化局、內容力，2022，頁205。）

89 「石春臼」位於臺南市中西區民族路二段，舊時，嘉南平原生產的稻穀從小北門運進府城，在米街（今新美街）附近集散，米商匯聚，其周邊也出現分工產業，由於買賣米、磨米的需求，隨處可見石臼等春米的器具，而有了石春臼之名，附近的碾米工人因從事勞力粗重的工作，需要飲食補充體力，周邊因而發展出許多「飯桌仔」。

90 類似九層粿，或加花生、紅豆，但只有一層，當地稱「水粿」。

91 另一說為1944年（參考黃阿有等，《安定鄉志》，臺南：臺南縣安定鄉公所，2010，頁217。）

92 分別為王仲所創的「中崙粿仔伯」與另一支王姓宗族的炊粿、王森喜九層粿（今由王森喜媳婦打理）、久茂九層粿（今由吳銘麟、王金菊夫妻打理）、以及當地吳姓、楊姓庄民炊粿，共6戶。

93 今安定中沙社區包含中崙與沙崙2個聚落。

94 九層粿各地作法不一，有各別加入黑糖及黃糖調和，或以白糖及黑糖調和，也有以煮到炭化的蔗糖（即「糖烏」著色），王家的九層粿以純米漿加黑糖米漿兩種製成。

95 指炊粿都加水，一塊賺九角多，有十成賺九成，指本錢低之意。

96 王家的九層粿原本為九層，今改良為七層，儘管工序精簡，但每一層米漿卻加量，炊製同樣耗費時間，每一層加厚更能嘗出粿點的層次口感與米香。

97 當地蔡姓奉祀城隍爺，邱姓祭祀觀音佛祖，黃姓供奉池府千歲，陳姓拜土地公。

98 中央研究院人社中心地理資訊科學研究專題中心—文化資源地理資訊系統（CRGIS）「大坑聖母宮」2011.08.04 張耘書田野調查 https://crgis.rchss.sinica.edu.tw/temples/TainanCity/sinhua/1118017-SMG（2023.11.20 檢索）

99 竹筍需視季節產量而定。

100 據2023年戴文鋒《臺南市民俗類無形文化資產保存維護計畫第三期》所做的調查，大坑尾一共有25座傳統大灶，最平時有使用的有9座，節慶時才會使用的有16座。

101 曾獲「南瀛十大伴手禮」、「米其林指南入選餐廳」。

102 大坑尾元宵遶境，最初曾每年或2年舉行一次，直至大坑聖母宮重建後，才逐漸

定制為 3 年一次。

[103] 當時黃塗曾任普濟殿七角頭總代（參考日昭和 8 年（1933）4 月 29 日《臺南新報》〈迎媽祖〉）。

[104] 米糕栫的工序包括：洗米、浸米、炊米、煮糖、拌糖、裝填、塑形與熟成、開栫、包裝。（詳見張耘書，《臺南獨家記憶：府城米糕栫（餞）研究》，臺南市政府文化局、蔚藍文化，2020。）

[105] 根據日治時期《臺灣日日新報》記載，以及由業者奠基立業的歷程來看，可確知遲至日大正 7 年（1918），米糕栫便已普遍於普度場合中所使用（張耘書，《臺南獨家記憶：府城米糕栫（餞）研究》，2020，頁 289。）

[106] 賴建銘，〈臺南風物志（六）〉《臺南文化》3：4（臺南：臺南市文獻委員會，1954/04/30），頁 43-44。

[107] 參考陳逢源，〈點心と擔仔麵〉《民俗臺灣第 26 號》3：8（臺北：東都書籍株式會社，1943），頁 20-22。

[108] 趙鍾麒，〈擔仔麵〉《臺南新報》，1927/02/08，第六版。

[109] 謝國文，〈擔仔麵〉，收於《省廬遺稿》。智慧型全臺詩知識庫 https://db.nmtl.gov.tw/site5/poem?id=00011473

[110] 黃服五，〈吃擔仔麵〉《臺灣日日新報》，1928/06/22。

[111] 黃純青，〈臺南擔麵〉《臺灣日日新報》，1937/03/23，A12 版。

[112] 連橫，《雅言》（臺北：臺灣銀行經濟研究室，1963），頁 188。

[113] CTS 華視新聞網──〈揭露肉燥飄香秘訣！英作家盛讚臺南美食〉https://news.cts.com.tw/cts/life/202303/202303232157572.html

[114] 陳逢源，〈點心と擔仔麵〉《民俗臺灣第 26 號》3：8（臺北：東都書籍株式會社，1943），頁 20-22。

[115] 連景初，〈擔仔麵史話〉《臺南文化》9：1（臺南：臺南市文獻委員會，1969/03/31），頁 14。

[116] 參考川原瑞源，〈油烹與熬油──吃的鄉土生活〉，《民俗臺灣》第二輯（臺北：武陵，1990)，頁 214-220。

[117] 辛永清，《府城的美味時光：臺南安閑園的飯桌》，2012，頁 45。

[118] 筆者的外公出身臺南石鼎美家族。

[119] 歸仁、仁德、關廟、龍崎等地區。

[120] 「阿妙意麵」為阿三意麵老闆的女兒所開。

[121] 片岡巖，《臺灣風俗誌》（臺北：臺灣日日新報社，1921），頁 128。

[122] 于仁壽、蕭靖宇，〈飲食探究——鹽水意麵考察〉，《中華飲食文化基金會會訊》17：2（臺北：財團法人中國飲食文化基金會，2011/05），頁 51-57。

[123] 于仁壽、蕭靖宇，〈飲食探究——鹽水意麵考察〉，《中華飲食文化基金會會訊》17：2（臺北：財團法人中國飲食文化基金會，2011/05)，頁 51-57。

[124] 片崗嚴，《臺灣風俗誌》（臺北：大立，1981），頁 104。

[125] 不著撰人，《安平縣雜記》（臺北：臺灣銀行經濟研究室，1959），頁 87。

[126] 陳水傳本名陳生傳，據其 2 子陳進明表示，陳生傳為父親身分證上的名字，地方上則多稱他的偏名「水傳」，其父私下對外也多以「陳水傳」為名。（2020.08.21 訪談陳進明）

[127] 因早昔鹽水牛墟以 1、4、7 為市集日而命名。

[128] 指為人處事乾脆俐落，不拖泥帶水。

[129] 今中西區忠義路與民權路口，國花大樓處。

[130] 原鶯料理（鶯料亭），為日治時期的高級料亭，戰後一度閒置。2016 年臺南市政府文化局將鶯料理委外經營，由阿霞飯店整修復建後將所有權交給市政府，再委由阿霞飯店租用經營管理，以古地名「鷲嶺」、地處海拔 14 公尺、食肆為販賣餐飲之處，名「鷲嶺食肆」。

[131] 阿塗師與阿霞飯店創辦人吳錦霞同出於一個祖先，阿塗師的祖父與阿霞的祖父為堂兄弟。

[132] 臺南也有辦桌師傅稱為「炸素蝦」。（參見張耘書，《臺南辦桌師傅》，臺南：臺南市政府文化局、內容力，2022。）

[133] 2015 年由聯經出版《我的臺南：一青妙的府城紀行》。

參考文獻

方志、史料

- 不著撰人，《安平縣雜記》，臺北：臺灣銀行經濟研究室，1959。
- 王凱泰，《臺灣雜詠合刻》，臺北：臺灣銀行經濟研究室，1958。
- 王必昌，《重修臺灣縣志》，臺北：臺灣銀行經濟研究室，1961。
- 王瑛曾，《重修鳳山縣志》，臺北：臺灣銀行經濟研究室，1962。
- 仕玠，《小琉球漫誌》，臺北：臺灣銀行經濟研究室，1957。
- 杜臻，《澎湖臺灣紀略》，臺北：臺灣銀行經濟研究室，1961。
- 沈有容，《閩海贈言》，臺北：臺灣銀行經濟研究室，1959。
- 周鍾瑄，《諸羅縣志》，臺北：臺灣銀行經濟研究室，1962。
- 范咸，《重修臺灣府志》，臺北：臺灣銀行經濟研究室，1961。
- 郁永河，《裨海紀遊》，臺北：臺灣銀行經濟研究室，1959。
- 高拱乾，臺灣府志》，臺北：臺灣銀行經濟研究室，1960。
- 陳文達，《臺灣縣志》，臺北：臺灣銀行經濟研究室，1961。
- 黃叔璥，《臺海使槎錄》，臺北：臺灣銀行經濟研究室 1957。
- 劉良璧，《重修福建臺灣府志》，臺北：臺灣銀行經濟研究室，1961。
- 盧德嘉，《鳳山縣采訪冊》，臺北：臺灣銀行經濟研究室，1960。
- 謝金鑾，《續修臺灣縣志》，臺北：臺灣銀行經濟研究室 1962。
- 《福建通志臺灣府》，臺北：臺灣銀行經濟研究室，1960。

專書

- 片岡巖，《臺灣風俗誌》，臺北：臺灣日日新報社，1921。
- 辛永清，《府城的美味時光：臺南安閑園的飯桌》，臺北：聯經 2012。
- 吳比娜，《尋訪台江古早味：歷史、風土與人情的飲食故事》，內政部國家公園署台江國家公園，2016。
- 邱文鸞，《臺灣旅行記》，臺北：臺灣銀行經濟研究室 1965。
- 段洪坤，《吉貝耍飲食文化紀實：食在有趣》，臺南市西拉雅族部落發展促進會，無出版日期。
- 連橫，《臺灣通史》，臺北：臺灣銀行經濟研究室，1962。
- 連橫，《雅言》，臺北：臺灣銀行經濟研究室，1963。
- 盧明教，《濃濃關廟情 戀戀香洋風》，臺南：臺南關廟區公所，2010。
- 《アロールート栽培法 附澱粉製造法》，臺灣總督府農事試驗場，1911。
- 陳世慶，《臺灣省通志》，南投：臺灣省文獻會，1971。
- 黃阿有等，《安定鄉志》，臺南：臺南縣安定鄉公所，2010。
- 張耘書，《臺南獨家記憶：府城米糕栫 (餞) 研究》，臺南市政府文化局、蔚藍文化，2020。
- 張耘書，《臺南辦桌師傅》，臺南：臺南市政府文化局、內容力，2022。

期刊、單篇論文

- 于仁壽、蕭靖宇,〈飲食探究 鹽水意麵考察〉,《中華飲食文化基金會會訊》17：2,財團法人中國飲食文化基金會,2011。
- 川原瑞源,〈油烹與熬油─吃的鄉土生活〉,《民俗臺灣》第二輯,武陵,1990。
- 連景初,〈擔仔麵史話〉《臺南文化》9：1,臺南市文獻委員會,1969。
- 胡興華,〈臺灣的水產養殖(三)〉,《漁業推廣月刊》156 期,農委會漁業署,1999。
- 陳逢源,〈點心と擔仔麵〉,《民俗臺灣 第 26 號》3：8,東都書籍株式會社,1943。
- 陳逢源,〈點心と擔仔麵〉,《民俗臺灣 第 26 號》3：8,東都書籍株式會社,1943。
- 黃連發,〈農村的粥〉,《民俗臺灣》第六輯,武陵,1990。
- 曾品滄、陳玉箴,〈台江地域食生活的傳統、變遷及其創新運用〉《國家公園學報》,26：2,2016。
- 賴建銘,〈臺南風物志(六)〉,《臺南文化》3：4,臺南市文獻委員會,1954。

報紙、其他

- 〈擔仔麵〉《臺南新報》,第六版,1927/02/08,。
- 〈吃擔仔麵〉《臺灣日日新報》,1928/06/22。
- 〈食筍〉,《詩報》第六十九號,大冶吟社擊缽吟例會,1933/11/1。
- 〈臺南擔麵〉,《臺灣日日新報》,A12 版,1937/03/23。
- 〈中崙思想起～紀錄珍粿老味道〉,臺南市安定區中沙社區發展協會,2021。

網路資料

- 中央研究院人社中心地理資訊科學研究專題中心─文化資源地理資訊系統(CRGIS)https://crgis.rchss.sinica.edu.tw/
- 吳新榮著,張良澤總編纂,「吳新榮日記」,中央研究院臺灣史研究所臺灣日記知識庫
- https://tais.ith.sinica.edu.tw/sinicafrsFront/search/search_detail.jsp?xmlId=0000276706
- 智慧型全臺詩知識庫 https://db.nmtl.gov.tw/site5/poem?id=00011473
- 農業部水產試驗所全球資訊網
https://www.tfrin.gov.tw/News.aspx?n=309&sms=9035
- 農業部粉絲頁
https://www.facebook.com/1661286914196139/posts/2967786976879453/
- 七股區公所全球資訊
https://cigu.tainan.gov.tw/News_Content.aspx?n=6319&s=69169
- CTS 華視新聞網 https://news.cts.com.tw/cts/life/202303/202303232157572.html

大臺南文化叢書第十三輯

臺南好食

作　　　者	張耘書
總　　　監	謝仕淵
召 集 人	黃文博
審　　　稿	林奎佑（魚夫）、戴文鋒（依姓氏筆畫順序）
督　　　導	林韋旭、黃宏文、方敏華
行政編輯	陳雍杰、李中慧、方冠茹

執行編輯	龐君豪
封面設計	楊國長
美術排版	楊國長

出　　　版	臺南市政府文化局
地　　　址	永華市政中心：708 臺南市安平區永華路 2 段 6 號 13 樓
	民治市政中心：730 臺南市新營區中正路 23 號
電　　　話	06-6324453
網　　　址	http://culture.tainan.gov.tw

出　　　版	暖暖書屋文化事業股份有限公司
地　　　址	臺北市大安區青田街 5 巷 13 號 1 樓
電　　　話	02-23916380
傳　　　真	02-2391-1186
總 經 銷	聯合發行股份有限公司
印　　　製	博創印藝文化事業有限公司

出版日期	2024 年 12 月初版
定　　　價	新臺幣 550 元
ISBN	978-626-7485-60-6（平裝）
GPN	1011301450
分類號	C101
局總號	2024-781

國家圖書館出版品預行編目 (CIP) 資料

臺南好食 / 張耘書著 . -- 初版 . -- 臺南市：臺南市政府文化
　局；臺北市：暖暖書屋文化事業股份有限公司，2024.12
　面；　公分 . -- (大臺南文化叢書；第 13 輯)
　ISBN 978-626-7485-60-6(平裝)

1.CST: 飲食風俗 2.CST: 小吃 3.CST: 臺南市

538.7833　　　　　　　　　　　　　　113016112